AF590872

NOTIONS
ÉLÉMENTAIRES
SUR LA JUSTICE,
LE DROIT ET LES LOIS.

PARIS. — IMPRIMERIE DE FAIN,
Rue Racine, n°. 4, place de l'Odéon.

NOTIONS

ÉLÉMENTAIRES

SUR LA JUSTICE,

LE DROIT ET LES LOIS ;

PAR M. DUPIN,

Avocat et Docteur en Droit,

MEMBRE DU CONSEIL DE S. A. R. Mgr. LE DUC D'ORLÉANS.

Suum cuique.

PARIS.

BAUDOUIN FRÈRES, LIBRAIRES,

RUE DE VAUGIRARD, N°. 17.

JANVIER 1827.

AVANT-PROPOS.

*Je n'entreprends point un traité sur l'*art de faire les lois , *et de donner aux peuples, sinon les meilleures possibles, du moins les meilleures qu'ils puissent recevoir. Il faut laisser ce soin aux génies d'un ordre supérieur : à Platon, à Cicéron, à Montesquieu, à Bacon.*

On ne trouvera point ici une utopie; *je fais un livre de* droit, *et non un livre de* législation : *sans m'interdire d'indiquer par fois ce qui, selon moi*, devrait être ; *je m'attache plus particulièrement à expliquer* ce qui est.

Je le fais en bref, suivant ma

coutume. Ceux qui aiment les ouvrages de longue haleine pourront m'en blâmer et m'attaquer avec la formule banale : « Pourquoi n'avez-vous pas traité ce sujet en grand? » *Je leur répondrai : « J'aime les petits livres, quand ils sont l'expression* exacte quoique abrégée, *de ce qu'on pourrait dire avec plus de développement et de diffusion. On les lit plus volontiers; ils se répandent davantage dans le public; ils sont plus généralement utiles.*

Je continuerai donc sur le même plan, en m'efforçant de réduire à leur plus simple expression quelques Notions générales sur la Justice, le Droit et les Lois.

Si ces notions sont superflues pour les hommes habiles qui, dans tous états, sont toujours en petit nombre, j'espère que précisément en raison de ce qu'elles sont élémentaires *et tracées pour un étudiant..., elles conserveront leur utilité pour cette jeunesse laborieuse, qui se presse derrière nos rangs, et qui doit bientôt entrer en ligne avec nous.*

Le temps où nous vivons est mémorable ! il faut en profiter. A quelle autre époque, dans l'histoire du monde, vit-on, comme de nos jours, presque tous les peuples de la terre travailler avec autant d'émulation et d'ardeur à fonder leur liberté sur l'empire des lois ?

Des leçons du passé le présent se féconde :
Un monde rajeuni sort des flancs du vieux monde ;
La liberté du peuple est un décret des cieux !

Regrette qui voudra le bon vieux temps ! les modernes ont devant eux un trop vaste champ pour se renfermer dans le cercle étroit où s'agitaient jadis les intérêts de l'humanité. Chacun de nos contempo-

rains, fier du présent et plein de confiance dans l'avenir, peut s'écrier avec le poëte de la jeunesse :

Prisca juvent alios : ego nunc me deniquè natum
Gratulor.

Déjà les rois, ceux du moins qui joignent à la conscience de leurs forces, le sentiment de leurs véritables intérêts, entrent dans cette noble carrière de la civilisation, et de la liberté. Le mot royal plus de censure *a passé le Rhin. Témoin cette admirable réponse du nouveau roi de Bavière à l'allocution des professeurs de l Université de Munich :*

« Rien, dit ce Monarque, ne m'a plu davantage dans votre discours que la manière dont vous vous êtes exprimés sur *l'indépendance des études scientifiques*, et sur la liberté que réclament les communications de l'enseignement.

» C'est chez moi une vive et profonde conviction que toute entrave, *toute censure, même la plus équitable, ne peut avoir que de funestes effets;* parce qu'au lieu d'une confiance réciproque, qui peut seule faire prospérer les choses humaines, *elle crée partout le soupçon*.

» Toute liberté sans doute est exposée à l'abus, comme toute loi à l'empiètement. Mais *j'ai la force et la volonté* de prévenir ce danger.

» Je veux la religion; mais je la veux dans les cœurs, dans les pensées, dans les actions.

» Je veux la science, mais *dans tout son développement*, dans toute son action; et je m'estimerai heureux de voir le pays qui m'est confié, appelé à de *rapides progrès* dans cette noble carrière.

» Je compte sur vos efforts pour atteindre ce but ; *songez que toute cette jeunesse est l'espoir de la patrie.... !* »

INTRODUCTION.

A SON ALTESSE ROYALE

MONSEIGNEUR

LE DUC DE CHARTRES.

MONSEIGNEUR,

Vous êtes peut-être, parmi les Princes de nos jours, le seul qui entrepreniez d'étudier la Jurisprudence. Cette étude, la plus négligée dans le haut rang où vous êtes placé, est cependant la plus nécessaire. J'en suis si convaincu, qu'il y a déjà trois ans, j'avais jeté le plan d'un Cours de droit à votre usage, dans un écrit que j'adressai au Prince votre père, sous ce titre : *De la Nécessité, pour un Prince constitutionnel, d'étudier les principes généraux du Droit.*

Ces idées furent accueillies, et je suis appelé aujourd'hui à l'honneur de les réaliser.

Je crois, Monseigneur, qu'en vous y appliquant un peu, vous en retirerez le plus grand fruit; d'abord pour l'étude de l'histoire, qui n'est jamais mieux éclairée que par les lois, et qui doit être le plus sérieux objet de vos méditations : « Car, à » vrai dire, la méthode qu'on tient » ès escholes à enseigner la langue latine, fait perdre quasi meilleure » partie de la vie de l'homme. La » *science civile*, celle des *mœurs* et » l'*histoire*, sont le vray étude et » la vraye doctrine des rois et des » princes [1]. »

[1] *Rozier des guerres*, ouvrage composé par Louis XI, pour l'éducation de son fils (Charles VIII).

Si une certaine connaissance du droit est nécessaire à tous les princes, même sous les gouvernemens absolus, elle est bien plus indispensable encore aux princes appelés à vivre sous un régime *constitutionnel*.

Cette espèce de gouvernement, en effet, n'est autre que *le règne de la loi*. Son principal caractère consiste dans la liberté qu'a le plus obscur citoyen de dire au fonctionnaire le plus élevé, aux ministres, au Roi lui-même : *Vous voulez faire telle chose.... vous n'en avez pas le droit* [1].

Comme prince du sang, comme pair de France, comme apanagiste, comme citoyen, vous devez, Monseigneur, connaître les lois de votre pays, pour défendre les intérêts pu-

[1] *Maximes du Droit public français*, t. 2, p. 339.

blics quand vous serez appelé à les protéger, et pour défendre vos intérêts personnels, s'ils étaient menacés. Il faut connaître son droit pour y rester ferme, et le droit d'autrui pour ne pas le blesser.

Du reste, il ne s'agit point de vous faire descendre aux dernières applications de la jurisprudence; je ne prétends ni vous surcharger de ces détails qui rapetissent les idées, ni vous proposer ces utopies où l'esprit trop facilement s'égare; mais vous tenir constamment à la hauteur de ces principes généraux, dont l'exacte intelligence suffit à un cœur droit et à un esprit juste, pour en déduire avec fermeté des conséquences nettes et des applications utiles.

Je m'attacherai en chaque matière à distinguer ce qui est du *droit naturel* et du *droit positif*. Je vous donnerai souvent la législation à deviner, et je suis sûr que vous vous rencontrerez avec le législateur partout où le législateur lui-même ne se sera pas écarté de la raison naturelle.

Mais il est temps d'entrer en matière, car je m'aperçois déjà que j'ai employé des expressions dont vous attendez la définition. . . .

. . . .

. . . .

Nota. Ces leçons ont été données oralement, sur simples notes ; et en les rédigeant après coup, j'en ai seulement retenu la substance, en les dégageant des développemens et des explications qu'exige parfois l'enseignement, mais aussi en les fortifiant par des citations qui leur donnent plus de certitude et leur impriment plus d'autorité.

Un des publicistes sur lesquels je me suis appuyé le plus souvent est l'auteur de l'*Essai sur la Charte*, M. le comte de Lanjuinais, mon illustre maître en droit romain, dont les conseils m'ont été si souvent utiles dans la composition de mes ouvrages; car on n'interrogeait jamais sa science en vain. Que je puisse au moins ici payer à sa mémoire le faible tribut de ma reconnaissance! Ce ne sera point sortir de mon sujet, quand je parle de la justice et du droit. « Mon ami, me disait-il » un jour, je n'ai jamais eu qu'un secret » pour me conduire dans la vie; dans chaque » occasion difficile, je m'interrogeais avec » sincérité, la main sur la conscience; et » quand elle m'avait répondu, je me confor- » mais à ses inspirations, sans jamais m'en » laisser détourner : c'est ainsi que je suis » toujours resté Lanjuinais. »

NOTIONS

ÉLÉMENTAIRES

SUR LA JUSTICE,

LE DROIT ET LES LOIS.

§. I.

DE LA JUSTICE ET DU DROIT.

La *Justice* est une vertu ; elle donne son nom aux gens de bien : elle consiste dans une volonté ferme et constante de rendre à chacun le sien.

Le *Droit* est l'art de la Justice, c'est à-dire l'art de distinguer ce qui est bon et juste de ce qui ne l'est pas, et c'est par la connaissance des lois qu'on y parvient.

Cette connaissance des lois se nomme *Jurisprudence*, vaste science qui s'applique à tout ce que les lois ont pour objet de régler : aux choses divines aussi-bien qu'aux choses humaines, à tous les droits, à tous les devoirs, à toutes les obligations, à tout ce qui, sur la terre, peut s'appeler *juste* ou *injuste*.

Ceux qui professent cette noble science s'appellent *Jurisconsultes*, quand ils l'exercent avec élévation, avec conscience ; quand ils ont le cœur droit, l'esprit juste, un caractère ferme, une âme indépendante.

Les *Lois* sont de plusieurs espèces qu'il importe d'abord de distinguer.

Les premières de toutes sont les *lois naturelles*. On nomme ainsi ces règles primitives qui, étant également senties et reconnues par tous les hommes, même par ceux qui les violent, sont regardées avec raison comme gravées au fond de notre être par la main de son divin auteur.

> . . . . *Dixitque semel nascentibus auctor*
> *Quidquid scire licet* [1].

Il est, en effet, des premières notions du droit naturel que la raison seule découvre sans le secours de la science; il est des lois que nous savons et que nous n'avons jamais apprises; qui sont nées pour ainsi dire en nous et avec nous. Ces lois sont immuables; il n'est point donné à l'homme de s'y soustraire, ni de les changer.

Le droit naturel ne forme pas le

[1] Ils n'étaient pas sans loi, ceux *qui portaient écrite dans leur cœur cette loi divine* dont parle saint Paul, qui, *par le témoignage qu'elle leur aura rendu* dans ce monde, *les accusera ou les défendra* au tribunal de Dieu. *Qui ostendunt opus legis scriptum in cordibus suis, testimonium reddente illis conscientiâ ipsorum, et inter se indicem cogitationibus accusantibus aut etiam defendentibus*. Épit. à Timot. II, 15. (*Voyez* le verset 14.)

droit de quelques hommes ou de certaines nations : c'est le droit de tous les hommes et de tous les peuples, en tout temps et en tous lieux.

Mais si le droit naturel est ainsi la loi primitive et universelle; si, à ce titre, il est partie intégrante, nécessaire et indélébile de toutes les législations ; il faut reconnaître aussi qu'il ne suffirait pas seul pour gouverner le monde et régler tous les intérêts. A coté des lois *naturelles* viennent donc se placer les lois *positives*, instituées par les législateurs humains, pour suppléer à l'insuffisance des premières ou pour leur servir de sanction.

Ces lois *positives*, que l'on nomme aussi *arbitraires*, parce qu'à la différence des lois naturelles, elles peuvent changer au gré du législateur selon l'occurrence des temps et le besoin variable des sociétés humaines ; ces lois, dis-je, reçoivent différentes dénominations appropriées aux objets qu'elles ont en vue de régler.

Chaque nation a sa forme particulière de gouvernement, sa constitution écrite ou de fait, ses lois fondamentales, ou des coutumes qui en tiennent lieu. L'ensemble de ces lois forme, pour chaque peuple, chaque cité, son *droit public intérieur.*

Les nations ainsi constituées en présence les unes des autres, ont des rapports qui sont réglés, ou par le droit naturel, ou par les traités ; la réunion de ces règles constitue le droit des nations, autrement dit le droit des gens, *jus gentium.*

Chaque peuple, renfermé dans son territoire, a ensuite des lois qui lui sont propres et qui règlent spécialement les rapports et les droits des citoyens ; et la dénomination de ces lois varie encore suivant l'objet auquel elles s'appliquent :

Lois politiques, qui organisent les pouvoirs, déterminent les compétences, règlent les droits publics des citoyens et leurs devoirs envers l'état ;

Lois civiles, qui règlent les intérêts privés, en tout ce qui concerne l'état des personnes, la possession des biens, l'exécution des contrats ;

Lois de procédure, qui régularisent la marche des tribunaux, et la manière dont les citoyens peuvent agir les uns contre les autres dans la poursuite de leurs droits ;

Lois criminelles, qui servent de sanction à toutes les autres, en punissant toutes les infractions, selon qu'elles prennent le titre de contraventions, de délits ou de crimes, soit contre les particuliers, soit contre l'état.

Les livres qui contiennent le recueil de ces diverses espèces de lois, reçoivent le nom de *Codes*. C'est ainsi que l'on dit, *Code* civil, *Code* de procédure, *Code* pénal.

Je ne pousse pas plus loin cette énumération, et je passe à la définition même des lois.

§. II.

DÉFINITION DE LA LOI.

On trouve plusieurs définitions de la loi suivant le point de vue sous lequel on la considère.

Par rapport à ceux dont elle émane, si le gouvernement est despotique, la loi n'est autre chose que la volonté et le bon plaisir du prince. Tribonien a eu soin de le dire pour flatter les sultans du Bas-Empire : *Quod principi placuit, legis habet vigorem* [1].

Dans les gouvernemens représentatifs « la loi est l'expression de la vo- » lonté générale [2], » parce que la nation entière est réputée vouloir tout ce qu'auront voulu constitutionnellement pour elle ses mandataires librement élus [3].

1 INSTITUTES, §. 6, *De jure nat. gent. et civili.*

2 CONSTIT. de 1791, *Déclar. des droits*, article 6.

3 *Communis reipublicæ sponsio.* L. 1, ff. *De legibus.*

Sous ce point de vue, on peut encore dire avec le chancelier d'Aguesseau [1] que « la loi *c'est le contrat commun*; » parce que les lois dérivent toutes du *pacte social*, exprès ou tacite, d'après lequel les citoyens se sont réciproquement promis d'obéir aux lois.

Enfin la loi, considérée relativement à son but, à son action sur la société, peut être définie avec les jurisconsultes de l'ancienne Rome, *un commun précepte* [2], parce qu'il est de sa nature d'être *la même pour tous*, d'embrasser la généralité des personnes [3] et des choses [4], d'être portée sur ce qui arrive le plus ordinairement, et non sur de simples cas d'exception [5]. En un mot, l'es-

[1] Tome VII de ses Œuvres. p. 258.

[2] *Lex est commune præceptum.* PAPINIEN, *In lege* I, ff. *De legibus.*

[3] *Jura, non in singulas persones, sed generaliter constituuntur.* L. 8, ff. *eod.*

[4] *Communiter feruntur, id est, in omnes homines, et res.* FESTUS, *In voce rogatio.*

[5] *Jura constitui oportet in his quæ ut pluri-*

sence de la loi est de lier uniformément les citoyens, de les assujettir aux mêmes devoirs, aux mêmes charges, aux mêmes peines pour les mêmes délits [1]; de leur conférer les mêmes droits, les mêmes facultés, les mêmes honneurs pour des services semblables; enfin les mêmes avantages sociaux, et pour tout dire, l'*égalité devant la loi* [2]; autrement, elle cesserait de mériter le nom de loi pour revêtir celui de *privilége* [3].

Les priviléges sont généralement odieux, parce qu'ils ne peuvent favoriser les uns qu'au détriment des autres. Ainsi l'exemption d'impôts accordée au clergé ou à la noblesse créait une surcharge intolérable pour le reste du peuple. Le monopole enrichit ceux qui l'exercent, aux dépens de l'industrie et du commerce

mùm accidunt, non quæ ex inopinato. L. 3, ff. *De legibus*.

1 Loi du 14 septembre 1791, tit. Ier. §. 3e.

2 Charte de 1814, art Ier.

3 *Priva lex*. Privilegia ne irroganto. Lex XII. Tabul.

général. Les places, les honneurs, les emplois réservés à une seule caste, dégénèrent en mortification et en injustice pour tous ceux qui, ayant la capacité et le désir de servir l'état, en seraient cependant exclus par le hasard de la naissance. Le droit d'aînesse n'a été, en dernier lieu, si vivement repoussé par l'opinion publique, que parce qu'il détruisait l'*égalité* des partages.

De grandes raisons d'utilité publique peuvent seules justifier les priviléges. Tels sont ceux de la pairie où la nation trouve une compensation dans la protection que lui garantit l'indépendance des pairs.

Hors de ces cas toujours très-rares, les priviléges doivent être bannis de la législation, et le retour au droit commun, au droit égal pour tous, est toujours favorable.

§. III.

DU POUVOIR LÉGISLATIF.

En France, le gouvernement (je parle du droit) n'a jamais été absolu, et, dans ses phases, notre histoire atteste que la monarchie française a toujours été une *monarchie tempérée.*

Un ancien commentateur de la Coutume de Poitou [1], atteste avoir vu dans les archives de l'abbaye de Saint-Maixent, un vieux manuscrit de la loi Salique, dans lequel on définissait ainsi la loi : *Lex est constitutio populi, quam majores natu cum plebibus sanxerunt, statuerunt, judicaverunt, vel stabilierunt ad decernendum rectum.* Et de fait, le préambule de la loi Salique constate qu'elle ne s'est pas faite autrement.

Cette définition, sans doute, ne cadre plus avec la forme actuelle de notre

[1] RAT, sur l'article 1er. de la coutume de Poitou, p. 14.

gouvernement; mais elle prouve du moins que, dès l'origine de la monarchie, le Peuple-franc n'était pas exclu d'une juste participation au pouvoir législatif.

Dans les Capitulaires, on trouve ce fameux texte si souvent invoqué : Lex *fit consensu populi et constitutione regis;* la loi se fait par le consentement du peuple et la sanction du roi.

Ne parlons point des bons temps féodaux, où il n'y avait d'absolu et de despotique que les seigneurs dans leurs seigneuries; et où les rois, bien loin d'être absolus, se trouvaient réduits à n'être seigneurs que dans leurs domaines, et, pour le surplus, simples suzerains dont l'autorité était souvent éludée et méconnue, si même elle n'était bravée par d'insolens vassaux les armes à la main.

Mais, sous la troisième race, depuis que la puissance royale, raffermie sur des bases moins anti-nationales, put introduire un gouvernement plus régulier, on a tenu constamment pour maxime de notre droit public, qu'en France « la » puissance publique est exercée par » justice *et non à discrétion*[1]. »

Bossuet[2] nous dit également que « le » gouvernement arbitraire n'a pas lieu » dans le royaume. »

Sans doute, il veut parler du principe ; car quel est l'État où, par le fait, il ne se commette des *actes arbitraires*, des *abus d'autorité?* L'ancien régime, en effet, n'avait-il pas ses priviléges et ses lettres de cachet? Mais des actes abusifs, qui gardent cette qualification, ne changent pas le système de gouvernement, et il n'en est pas moins certain que l'ancien gouvernement de la France, malgré ses abus, était une *monarchie tempérée par les lois;* de même que le gouvernement actuel, malgré les abus du pouvoir ministériel, est une *monarchie constitutionnelle et représentative.*

[1] LOISEAU, *des Seigneuries*, chap. 2, no. 9.

[2] Cité dans les *Maximes du droit public français*, tom. I, p. 71.

Les convocations des *états-généraux*, quoique faites de loin en loin, et dans les plus grandes nécessités de l'état, prouvent encore d'une manière éclatante que la nation n'était point déshéritée de ses anciens droits. Les *Parlemens*, par le titre même qu'ils s'arrogeaient, d'*états-généraux au petit pied,* interrompaient la prescription et conservaient le feu sacré. Une suite de précédens, non interrompus, quoique parfois contestés, avait érigé en principe fondamental qu'en France « les parlemens et cours souveraines avaient le dépôt des lois; qu'ils étaient chargés d'*examiner* et de *vérifier* celles qu'il plaisait au roi de leur adresser; de faire les *remontrances* que l'intérêt de l'état ou l'utilité des citoyens pouvaient rendre nécessaires; et qu'ils pouvaient même porter leur zèle et leur fidélité jusqu'au *refus* d'enregistrer dans les occasions où il leur semblait qu'ils ne pouvaient se prêter à l'exécution de la nouvelle loi sans trahir le devoir et la conscience[1].

Je ne rappelle pas ici les diverses formes de législation introduites par les constitutions de 1791, de l'an III et de l'an VIII. Je passe immédiatement à cette Charte aujourd'hui notre loi fondamentale. Son auteur voulant « lier » tous les souvenirs et toutes les espé- » rances, en réunissant les temps an- » ciens et les temps modernes[2], » y a inséré cet article qui, en effet, rappelle l'ancien texte des Capitulaires : « La puissance législative s'exerce *col-* » *lectivement* par le roi, la chambre des » pairs et la chambre des députés des » départemens. » (Article 15.)

Le pouvoir législatif est de sa nature *incommunicable* : « Il ne peut, dit un noble pair[3], être délégué ni au roi

[1] *Maximes du droit public français*, tom. II, page 1.

[2] Préambule de la *Charte* de 1814.

[3] *Essai sur la Charte*, par M. le comte Lanjuinais, n°. 359.

ni à d'autres. Il y a abus ou superfluité dangereuse dans tous les articles de loi ou de projet de loi qui délèguent au roi le pouvoir de faire des règlemens sur tel ou tel sujet. Si l'on n'entend, dans ces clauses, que respecter le droit constitutionnel du roi, de réglémenter les détails vraiment réglémentaires comme le temps, le lieu, la forme, et tout ce qui ne préjudicie pas aux droits individuels, ce qui ne crée ni des crimes, ni des délits, ni des peines; on fait une disposition inutile et tendant à énerver l'autorité réglémentaire constitutionnelle du roi. Si l'on entend déléguer un autre droit que cette même autorité réglémentaire dans les limites conformes à la Charte et à son esprit, on blesse la constitution, on opère la confusion des pouvoirs législatif et exécutif, on détruit les garanties publiques. »

La législation offre cependant une exception de fait à ce principe dans l'art. 34 de la loi du 17 décembre 1814, en matière de *douanes*; cet article est ainsi conçu : « Des *ordonnances du roi* pourront provisoirement et en cas d'urgence, 1°. prohiber l'entrée des marchandises de fabrication étrangère, ou augmenter à leur importation les droits de douane... ; 2°. diminuer les droits sur les matières premières nécessaires aux manufactures ; 3°. permettre ou suspendre l'exportation des produits du sol et de l'industrie nationale, et déterminer les droits auxquels ils seront assujettis, etc., etc. »

Mais, d'une part, on voit que la délégation n'est faite que pour un *cas d'urgence* qui ne comporterait pas le délai d'assembler les chambres; et, d'autre part, que l'effet de l'ordonnance n'est que *provisoire*. En effet, l'article 34 précité est terminé par la disposition suivante, qui fait tout rentrer dans l'ordre légal : « Toutes les dispositions ordonnées et exécutées en vertu du présent article, seront présentées en forme de *projet de loi* aux deux chambres avant la fin de leur session si elles sont assemblées, ou à la session la plus prochaine, si elles ne le sont pas. »

§. IV.

Des diverses espèces de lois.

Les lois positives sont de plusieurs sortes. Elles se divisent principalement en lois *fondamentales* et lois *secondaires*.

Les lois fondamentales établissent et défrnissent les pouvoirs ; elles constituent le pacte social. Telle est, parmi nous, la Charte constitutionnelle.

Les lois fondamentales de l'état sont réputées immuables, non pas tant par l'impossibilité que par la difficulté et le danger de les changer ; parce que ces changemens, de quelque couleur qu'on les pare, à moins qu'ils ne viennent à la suite d'une longue expérience, et qu'ils ne soient vivement et généralement réclamés par l'opinion publique, remettent en question, non-seulement ce qu'il s'agit d'abréger, mais les objets même auxquels on déclare ne vouloir pas toucher. On diminue ainsi dans l'esprit des peuples l'idée qu'ils doivent garder de la stabilité de leur gouvernement : c'est là surtout « qu'à côté de l'avantage d'a- » méliorer, se trouve le danger d'in- » nover. »

Dans *un projet* de loi sur la responsabilité des ministres, pris en considération par la chambre des députés, le 26 août 1824, il était dit « qu'un ministre se rend coupable de *trahison*, lorsqu'il fait quelque acte contre la Charte constitutionnelle, et lorsqu'il contre-signe un acte de l'autorité royale qui ne devrait émaner que du concours des trois branches de l'autorité législative [1]. »

Les lois secondaires ont pour objet de régler les diverses parties de l'administration et des services publics :

[1] Voyez l'article 4, nos. 1 et 3.

de fixer l'état des personnes, la condition des biens ; de régler l'exécution des contrats, d'assurer le bon ordre ; la répression des délits. Le nombre de ces lois est infini et varie, comme je l'ai déjà dit, suivant la diversité des objets auxquels elles s'appliquent : Lois criminelles, Lois civiles, Lois administratives, etc., etc. Ces divisions sont purement doctrinales : il ne serait d'aucune utilité de toutes les rappeler et les définir.

Ces lois secondaires, pour être bonnes, doivent, autant que les mœurs le permettent, rentrer dans l'esprit de la loi fondamentale sous la protection de laquelle elles viennent se placer. *Jus privatum sub tutelâ juris publici latet* [1]. — Aucune d'elles ne peut déroger au droit naturel : *civilis ratio jura naturalia corrumpere non potest* [2].

Une distinction qu'il importe de ne

[1] Bacon, *Aphorisme* 3.

[2] L. 8, ff. *De cap. minutis*.

point perdre de vue, est celle qui existe entre les *lois* proprement dites, et les *actes* qui émanent uniquement de l'autorité royale. Cette distinction existait même sous l'ancien régime. Au lit de justice tenu le 15 juin 1586, le président de Harlay disait, au nom du Parlement, à Henri III : « Dans la remarque et la désignation des ordonnances qui s'observent en France, nous usons de distinction : car nous appelons les unes ordonnances *du Roi*, et les autres *du royaume.* »

Le roi seul fait « les règlemens et ordonnances nécessaires *pour l'exécution des lois* [1]. » Mais il ne peut pas seul faire ni défaire les lois ; il ne le peut qu'avec le concours des chambres. Et si des ministres trompés, peu instruits ou mal intentionnés, avaient conseillé, fait rendre et contre-signé une ordonnance contraire à une loi, dans ce déplorable conflit, c'est *la loi* qu'il faudrait suivre

[1] *Charte*, article 14.

de préférence. En pareil cas, on ne résiste pas à l'ordonnance, mais on obéit à la loi [1].

Il en faudrait dire autant, si une ordonnance établissait un droit nouveau sur un point non encore réglé par la législation, mais qui fût de nature à ne l'être que par elle; par exemple, si une ordonnance créait des peines afflictives ou infamantes; si elle portait une atteinte à la propriété; si elle créait un impôt, ou si elle enlevait quelque droit légitimement acquis.

Dans ces divers cas et autres semblables où l'ordonnance serait visible-

[1] Les cortès d'Aragon avaient adopté une formule particulière pour repousser les actes contraires à leurs priviléges constitutionnels: « La loi, disaient-ils, sera *obéie*, mais non » *exécutée*. » — Nos anciens parlemens en usaient à peu près de même.

« Il n'y a que la loi d'exécutoire en France, » disait M. Odilon-Barrot, dans son plaidoyer devant la cour de cassation, pour le Sr. Roman.

ment un empiètement sur le pouvoir législatif, les jurisconsultes qui ont écrit sous l'empire de la charte, tiennent que de tels actes, quoique contre-signés par un ministre, ne détruisent pas la loi; que les tribunaux ne sont pas tenus d'y déférer; qu'enfin il ne peut y avoir de pourvoi en cassation pour violation d'une ordonnance, mais seulement pour violation de *la loi*[1].

Ce que l'on vient de dire des ordonnances s'applique à plus forte raison aux simples *arrêts du conseil*, lors même que, par abus ou par calcul, on leur aurait donné le titre d'ordonnance, et qu'ils seraient insérés au *Bulletin des lois*.

Les principes seuls auraient dû conduire à cette solution; mais jusqu'où ne va pas la flatterie? Sous Napoléon, à une époque où l'on semblait avoir

[1] Voyez *Recueil des lois*, année 1820, préface, p. xvj, et les autorités sur lesquelles l'auteur s'appuie. Voyez aussi ce que nous dirons, en revenant sur ce sujet au §. XIX.

ressuscité pour lui ce texte orgueilleux de Justinien : *Quis tantæ superbiæ tumefactus est, ut regalem sensum contemnat* [1], la Cour de Cassation qui, jusqu'alors, avait suivi sur une question de féodalité la disposition des lois générales, crut devoir s'en écarter et casser divers arrêts, en se fondant sur un *avis du conseil d'état* du 13 messidor an 13, et un décret du 23 avril 1807 qui, d'après les rapports du ministre des finances et dans des affaires particulières, avaient adopté une nouvelle doctrine. Napoléon, informé de cette déviation de la Cour de Cassation, s'en expliqua en ces termes : « La Cour de Cassation, dit-il, *a montré trop de déférence pour l'avis et le décret dont il s'agit.* Cet avis et ce décret ne sont que des jugemens. Bons pour les parties qui les ont obtenus, ils ne peuvent avoir, à l'égard des autres, le caractère d'actes

[1] Loi 11, au Code *De legibus et constitutionibus*.

interprétatifs de la loi. » Voilà ce qu'a révélé le procureur-général près la Cour de Cassation, dans un plaidoyer prononcé devant cette Cour le 15 juillet 1814[1].

Une ordonnance *inédite* du 16 septembre 1814, sur les formes des actes de l'autorité royale, distingue parmi ces actes, 1°. les *ordonnances* données pour la sûreté de l'État; 2°. les *règlemens* donnés pour l'exécution des lois et pour l'exercice de la police générale et locale; 3°. les ordonnances en forme de *déclarations interprétatives* dans les cas qui ne sont pas expressément réservés aux chambres. On prétendit alors qu'il s'agissait de l'interprétation doctrinale en matière législative [2], et même de l'interprétation d'autorité quant aux ordonnances et règlemens; 4°. les *lettres-patentes* données pour l'exercice

[1] Répert. de Jurispr. *Additions*, vol. 15, 4e. édit. au mot *Rentes seigneuriales*.

[2] Nous reviendrons sur ce sujet en traitant *de l'interprétation*.

des attributions gracieuses du pouvoir royal, tels que majorats, exercice du droit de grâce, etc.; 5°. les *arrêts du conseil*, qui sont les jugemens rendus sur avis du comité contentieux, et toutes les décisions des autres comités du conseil d'État, pour le contentieux du ministère; 6°. les *provisions*, qui sont les institutions des juges à vie; 7°. les *commissions*, qui sont les nominations à des places révocables; 8°. et les *brevets*, qui sont les promotions dans l'armée de terre et de mer.

Aucun de ces divers actes n'a le caractère de *lois*, et ceux qui sont insérés au *Bulletin*, si improprement nommé *Bulletin des Lois* [1], n'en acquièrent pas plus d'autorité; c'est uniquement un moyen de *publicité*.

Si le roi seul en son conseil d'État, ou les ministres sous le nom du roi,

[1] En Angleterre, les *actes du gouvernement* sont imprimés dans un recueil distinct de celui où se trouvent les *actes du Parlement*.

ne peuvent, par forme d'ordonnances, disposer sur des objets réservés au pouvoir législatif, il est encore plus évident qu'aucun corps administratif ou judiciaire ne peut usurper les fonctions législatives, et si l'un de ces corps prenait un arrêté ou une délibération, ou rendait un arrêt sur quelque matière législative, il y aurait *forfaiture* [1], et l'arrêté, la délibération ou l'arrêt ne seraient pas exécutoires pour les citoyens [2].

1 Décret du 28 août 1793, dans mon *Recueil des lois de compétence*, tom. 1er., p. 400.

2 M. Henrion de Pensey, *Compétence du juge de paix*, chapitre dernier. — M. Isambert a donné en tête de son *Recueil des lois et ordonnances*, années 1819 et 1820, une Dissertation intéressante *sur les limites qui séparent le pouvoir législatif du pouvoir réglementaire ou exécutif.* On y trouvera le développement des principes que je viens d'énoncer. Il faut y joindre la Dissertation qu'il a mise en tête du volume de 1821, *sur les arrêts du Conseil.*

§. V.

COMMENT SE FAIT LA LOI.

Le roi propose la loi. (Charte, *art.* 16.)

La proposition de loi est portée, au gré du roi, à la chambre des pairs ou à celle des députés, excepté la loi de l'impôt qui doit être adressée d'abord à la chambre des députés. (*Art.* 17. *Art.* 47.)

Cette proposition est ordinairement accompagnée d'un Discours ministériel qui contient l'*exposé des motifs* que l'on donne à la loi proposée.

Toute loi doit être discutée et votée librement par la majorité de chacune des deux chambres. (*Art.* 18.)

Les chambres se partagent en bureaux pour discuter les projets qui leur ont été présentés de la part du roi. (*Art.* 45.)

Aucun amendement, dit l'article 46, ne peut être fait à une loi, s'il n'a été proposé ou consenti par le roi, et s'il n'a été renvoyé et discuté dans les bureaux. — La première partie de cet article ne comporte pas d'exception quant à la nécessité du consentement royal pour l'admission d'un amendement ; mais il y a des précédens qui prouvent que des amendemens peuvent être proposés par les chambres, et qu'il n'est pas toujours nécessaire de les renvoyer à la discussion préalable des bureaux.

Les chambres ont la faculté de supplier le Roi de proposer une loi sur quelque objet que ce soit, et d'indiquer ce qu'il leur paraît convenable que la loi contienne (*art.* 19), c'est-à-dire, de présenter un *projet* de loi tout rédigé.

Cette demande peut être faite par chacune des deux chambres, mais après avoir été discutée en comité secret : elle ne peut être envoyée à l'autre chambre par celle qui l'aura préposée, qu'après un délai de dix jours. (*Art.* 20.) — Si la proposition est adoptée par l'autre chambre, elle est mise sous les yeux du roi ; si elle est rejetée, elle ne peut pas être reproduite dans la même session. (*Art.* 21.)

Le roi seul sanctionne et promulgue les lois (*art.* 22), comme nous le verrons en parlant plus amplement ci-après de la *sanction*, §. IX, et de la *promulgation*, §. XV.

Ainsi, sous l'empire de la Charte, il est vrai plus que jamais de dire que la loi est *le contrat commun.* On y trouve tous les élémens des conventions. Le roi propose la loi : voilà la pollicitation, *solius offerentis promissio.* Si les chambres rejettent, il n'y a point de contrat, point de lien, point de loi. Elles acceptent sans amendement ou avec un amendement consenti; le roi sanctionne, voilà le contrat formé, *duorum vel plurium in idem placitum consensus.* Alors il y a Loi.

Une question s'est élevée dans ces derniers temps : les Députés et les Pairs sont-ils récusables (au moins dans le for intérieur), lorsqu'ils ont un intérêt personnel et exceptionnel à la question? Si, par exemple, il s'agit de voter, par exception au droit commun, une indemnité dont quelques pairs ou députés sont appelés à profiter personnellement, doivent-ils s'abstenir de voter? On a soutenu l'affirmative à l'occasion de la loi du 27 avril 1825, d'après la règle d'équité, que *nul ne peut être juge dans sa propre cause.* Et je le crois ainsi dans les causes d'argent. Mais dans les questions d'un autre ordre, par exemple, en cas d'offense envers la chambre, chacun des membres, quoiqu'il puisse se croire offensé, peut très-licitement rester juge. On ne présume pas qu'il en veuille déposer le caractère : c'est ainsi que les tribunaux ordinaires restent juges des insultes et des outrages commis envers leurs membres dans l'exercice de leurs fonctions.

Est-il des cas où le roi soit aussi récusable? — Il n'est jamais récusable comme roi, parce qu'à ce titre il représente toujours les intérêts généraux de la nation. Mais dans les contestations privées où il aurait intérêt, il ne pourrait rester juge. Le président Hénault, dans ses *Remarques sur le règne de Hugues Capet*, allègue un exemple contraire. Mais saint Louis, ce modèle des rois justes et consciencieux, n'hésita pas à se récuser dans le procès où le comte Hugues fut déclaré déchu de ses fiefs. On aurait pu alléguer cependant qu'en défendant ses droits, il défendait aussi ceux de la couronne. Saint Louis pensa autrement. « Il ne voulut pas être juge dans sa propre cause. Il assembla un Baronage à Paris; il y exposa ses griefs contre le Comte, et laissa aux Barons le soin de le juger [1]. »

Cette question, au surplus, ne peut guère se présenter aujourd'hui, parce que le roi ne juge plus en personne, mais par des juges inamovibles qu'il nomme et qu'il institue (*art.* 57 *et* 58), et par lesquels il se condamne lui-

[1] *Histoire de France*, par Pigault-Lebrun, tom. 3, pag. 305.

même quand il a tort dans les procès qui intéressent la liste civile contre les particuliers [1].—Toujours est-il qu'il ne pourrait pas se donner gain de cause par ordonnance.

§. VI.

DATE DES LOIS.

Il est certain que dans les Xe., XIe., XIIe. et XIIIe. siècles, on n'observait pas exactement la formalité de la *date*, et que souvent on se contentait de désigner le nom du roi régnant ; d'autres fois le jour du mois, sans marquer l'année ; ou celui de l'année sans indiquer le mois, et quelquefois aussi on ne marquait aucune date [2].

Cela tenait à l'ignorance et à la barbarie de ces siècles féodaux, que les

[1] Arrêt mémorable de la cour royale de Paris, du 19 janvier 1821, dans l'affaire du chevalier Desgraviers, créancier de Louis XVIII.

[2] Mabillon, *de Arte diplomaticá*.

suzerains seuls ont pu appeler *le bon vieux temps.*

Mais à mesure que l'on a marché vers la civilisation, on a senti le besoin de *dater* exactement les actes publics.

Ce soin est surtout indispensable pour les lois. Comme elles n'ont pas d'effet rétroactif, il devient d'abord nécessaire de se fixer sur leur date, pour savoir de quel jour elles ont dû être exécutoires.

De là sont nées plusieurs difficultés sur la véritable date des lois. Par exemple, doit-on s'attacher à la date d'un décret plutôt qu'à celle de la sanction?

Dans la collection de Baudouin (in-8°), toutes les lois rendues sous la constitution de 1791 sont classées selon la date du jour où chaque décret a été adopté par l'assemblée nationale. Dans la collection dite du Louvre (in-4°.), elles sont rangées dans l'ordre chronologique de la sanction royale.

Ce dernier ordre semble le meilleur,

parce que la sanction, dans les cas où elle était requise, étant une formalité intrinsèque de la loi, il est vrai de dire qu'il n'y avait réellement loi qu'après que le roi avait sanctionné le décret.

Ainsi, encore aujourd'hui, il n'y a pas loi même après que l'une des deux chambres a adopté le projet, car l'autre chambre peut le rejeter ou l'amender de manière à nécessiter un renvoi à la première. Il n'y a même pas loi après que les deux chambres ont voté uniformément l'adoption du projet, car le roi peut encore refuser sa sanction, comme nous le verrons au §. IX.

Cependant on pourrait dire que la date d'une loi est réellement fixée au jour de son acceptation par celle des deux chambres qui l'a votée la dernière, parce que la sanction qui intervient ensuite, ne change pas cette date : elle s'y réfère et s'y applique naturellement.

La décision suivante se lie à la question qui précède. Le conseil d'état, consulté pour savoir si une loi prenait *date* du jour de sa promulgation, ou du jour où le corps législatif avait adopté le projet présenté par le gouvernement, a été d'avis, le 5 pluviôse an VIII, que la *véritable date* d'une loi était celle de son émission par le corps législatif. — De fait, les lois n'ont pas actuellement d'autre date dans le *Bulletin*, et la date de la sanction n'y est pas même rappelée.

§. VII.

INTITULÉ DES LOIS.

Il ne faut pas confondre le *titre* des lois avec leur *intitulé*.

Le *titre* des lois est un sommaire placé en tête pour en indiquer l'objet : il n'en fait point partie intégrante, et nous verrons qu'il ne peut pas même servir à leur interprétation.

Le titre des lois doit être sans emphase et sans affectation, et surtout sans artifice[1] ; il doit indiquer simplement l'objet de la loi[2].

L'*intitulé* des lois est la formule par laquelle elles commencent, et qui indique de quelle autorité elles sont émanées.

On n'est tenu d'obéir à un acte qu'autant qu'il est l'ouvrage de celui qui avait qualité pour le faire. Il faut donc que cet acte, pour commander l'obéissance, soit revêtu du nom de son auteur.

Aussi voyons-nous que les plus petits comme les plus grands fonctionnaires, depuis l'édile chargé de briser les faux poids jusqu'au préteur qui tient la balance où la mauvaise foi s'efforce de les glisser, tous ont soin, non-seulement de signer leurs actes, mais encore de les *intituler* du nom de leurs charges.

L'autorité souveraine elle-même doit

[1] *Essai sur la Charte*, tom. Ier., pag. 241. Voyez les exemples *ibidem*.

[2] Ce sont les propres termes de la loi du 19 janvier 1791.

s'annoncer comme telle, pour obtenir des citoyens l'obéissance qu'elle est en droit d'exiger d'eux. Voilà pourquoi on ne voit point de loi sans apercevoir en même temps le législateur.

Parcourez les lois des peuples anciens et modernes, les codes des barbares et ceux des peuples civilisés, partout vous verrez l'auteur de la loi attacher son nom à son ouvrage, tellement que dans l'*intitulé* seul des lois se trouvent l'histoire du pouvoir et la succession des gouvernemens.

En 1788, la maxime consacrée par un long usage était celle de *Roi par la grâce de Dieu*, formule qui n'a été critiquée que par ceux qui n'ont pas voulu en saisir le vrai sens; car « cela ne signifie autre chose, sinon que le roi ne relève de personne, et qu'il ne tient le royaume que *de Dieu et de l'épée*, sans en faire hommage à aucune puissance sur la terre [1]. »

[1] *Maximes du dr. publ. fr.* tom. 2, p. 136.

Cette formule, usitée principalement depuis l'époque où l'usurpation des papes menaçait l'indépendance de toutes les couronnes, n'est donc pas une marque de servitude ; prenons-la plutôt pour un signe de noblesse et de liberté[1].

« Tout le monde, dit Durand de Maillane, sait que nos rois se qualifient rois de France *par la grâce de Dieu*, pour marquer leur autorité et leur indépendance de toute puissance humaine. Sur quoi Lebret (en son Traité *de la Souveraineté*) remarque que les termes *par la grâce de Dieu* sont aujourd'hui si fort consacrés à cette unique signification, qu'on regarderait comme coupable de lèse-majesté celui qui entreprendrait de les insérer dans ses titres, ainsi qu'il arriva au comte d'Armagnac sous le règne de Charles VIII[2]. »

[1] Voyez mes *Libertés de l'église gallicane*, 2e. édit. pag. 73 et suiv.

[2] Durand de Maillane, *Libertés de l'église gallicane*, tom. 1, pag. 87.

« Nos rois, dit un autre auteur [1], ne tiennent que *de leur épée,* en ce que, ne connaissant point de juges sur la terre, c'est par la force des armes qu'ils se font rendre la justice qui leur est due, et qu'ils maintiennent leur autorité et les droits de leur couronne.»

A l'époque de la révolution, on exigea l'addition, *et par la loi constitutionnelle de l'état*, qui rattachait l'autorité du roi au pacte social. Mais cette formule, quoique plus libérale, était impuissante pour exclure le despotisme; aussi Napoléon la conserva sans en être effarouché : nouvelle preuve, entre mille, que la liberté est dans les choses et non dans les mots.

A ces expressions, *roi de France,* on crut aussi devoir substituer *roi des Français*, comme ayant un tout autre sens. Cependant nos premiers rois répugnaient si peu à s'intituler ainsi, que

[1] *Traités du Droit français* à l'usage du duché de Bourgogne, tom. Ier. pag. 21.

tous les capitulaires des rois de la seconde race portent en tête *Dei gratiâ* FRANCORUM REX. On trouve même cette dernière formule employée sous la troisième race concurremment avec l'autre. Ouvrez les ordonnances du Louvre, t. V, vous verrez à la page 430, *Carolus, Dei gratiâ*, FRANCORUM REX ; et p. 431, en regard, *Charles, par la grâce de Dieu*, ROI DE FRANCE. Quelle plus forte preuve que ces formules ont au fond la même signification ?

L'intervalle entre 1792 et 1814 est rempli par le protocole de tous les gouvernemens qui se sont succédé; ainsi l'on voit en tête des divers actes insérés au Bulletin :

LA CONVENTION NATIONALE décrète :

Le CONSEIL DES CINQ-CENTS ; le CONSEIL DES ANCIENS, approuvent la déclaration d'urgence :

Le DIRECTOIRE EXÉCUTIF arrête :

Les CONSULS DE LA RÉPUBIQUE, etc., etc.

BONAPARTE, premier consul, ordonne :

NAPOLÉON, empereur, décrète :

Le SÉNAT CONSERVATEUR, réuni au nombre de membres prescrit par la constitution, etc.

Le GOUVERNEMENT PROVISOIRE...

Enfin on revient au point de départ, à la formule rédivive : LOUIS, *par la grâce de Dieu, roi de France et de Navarre* [1], *à tous présens et à venir, salut.*

Cette formule, lorsqu'elle est en tête des ordonnances ou des arrêts du conseil, est immédiatement suivie de ces mots, NOUS AVONS ORDONNÉ ET ORDONNONS.

Mais, lorsqu'elle précède les lois, elle est conçue de la manière suivante qui rappelle les élémens constitutionnels requis pour la formation de la loi : « Nous avons *proposé*, les chambres

[1] « Cette mention spéciale de la Navarre, dit M. Lanjuinais, n'est point un affaiblissement de la Charte; c'est un pur souvenir de l'histoire ; c'est une locution sans effet politique, etc.. » *Essai sur la Charte*, tom. Ier. pag. 254 et 255.

» ont *adopté*, nous avons *ordonné* et
» ordonnons ce qui suit. »

§. VIII.

PRÉAMBULE.

Les lois sont quelquefois précédées d'un préambule qui explique *à quelles causes* elles ont été portées.

Cette précaution était négligée dans les républiques, où le peuple, concourant à la formation de la loi, n'avait pas besoin de s'évertuer à trouver des tournures pour justifier à ses yeux son propre ouvrage.

Il semblait d'ailleurs peu conforme à la dignité du législateur d'entrer, pour ainsi dire, en pourparler sur le mérite de sa loi, et de discuter en rhéteur là où il devait seulement commander en maître [1].

[1] *Non disceptatione debet uti, sed jure.* LEX VISIGOTH. lib. 1, cap. 6.

C'est ce qui fait dire à Sénèque que rien ne paraît plus froid et plus inepte qu'une loi affublée d'un prologue [1].

Cependant l'usage contraire a prévalu dans les monarchies, et nous ne voyons pas une ancienne ordonnance, pas de lettres patentes, pas un édit, qui ne soient ornés d'un bout de préambule; soit qu'il ait paru plus humain d'essayer à persuader les peuples par cette voie; soit que la politique ait donné à penser que les sujets exécuteraient plus volontiers les lois, quand on leur aurait fait confidence des motifs qui avaient déterminé le législateur à les rendre.

Il est vrai que les raisons qui sont alléguées ne sont pas toujours les véritables. Et à ce sujet, on trouve dans les Œuvres du judicieux Coquille [2] une anecdote assez piquante pour mériter

[1] *Nihil videri frigidius, nihil ineptius quàm legem cum prologo. Epist.* 94.

[2] Œuvres de Guy Coquille, de Nivernais, tom. Ier. pag 219, colonne 1re. édit. in-folio de 1703.

d'être rapportée : « On a fait, dit-il, une infinité d'édits auxquels on fait parler le roi comme si c'était un orateur en une concion [1] de Grèce, avec des propos spécieux, beaucoup de langage, et rien de vérité ; *comme si tous les Français étaient des bêtes*, et qu'avec le simple sens commun, il ne fût aisé à découvrir que le contraire du contenu en ces édits est véritable. Et entre autres édits, qui tous sont pécuniers et bursaux, il s'en trouve un *de fort belle apparence* en faveur des laboureurs en une chère année, pour n'être contraints à payer leurs dettes ; et c'était afin qu'étant déjà accablés par les guerres, ils eussent meilleur moyen de payer les tailles étrangement excessives ; dont arriva que les marchands furent dégoûtés de leur prêter, et par ce moyen ont depuis enduré beaucoup d'incommodités [2]. »

[1] *Concio*, discours public.

[2] *Dialogue sur les causes des misères de la France.*

De tout cela, il résulte que les motifs allégués dans le *préambule* d'une loi ne sont pas toujours des guides sûrs pour l'interpréter [1].

Aussi la loi du 11 août 1792 avait décidé d'une manière précise « que dorénavant les décrets seraient imprimés et publiés *sans préambule.* »

Mais depuis on est revenu à cette forme, soit par des motifs de *déclaration d'urgence* sous la constitution de l'an III, soit sous l'empire où l'on vit tant de déceptions surtout en législation, soit enfin depuis la restauration [2].

L'auteur de l'*Essai sur la charte* [3] fait à ce sujet une réflexion fort judicieuse. Après avoir remarqué que les motifs de la loi sont suffisamment exposés dans les discours prononcés, soit

1 Voyez ci-après, *interprétation*, § XIX.

2 Voyez, pour exemple, le préambule de la loi du 5 décembre 1814, et celui de la loi du 21 du même mois, *relative à certaines dettes contractées en pays étranger.*

3 Liv. 3, chap. 5, nº. 309.

pour appuyer, soit pour combattre la proposition, il ajoute : « Mais si les ministres veulent absolument donner des fleurs de leur rhétorique sur les lois, comme ils aiment tant à le faire dans les diplômes et les ordonnances, il est nécessaire que le préambule soit soumis à leurs *co-législateurs*, afin qu'il ne se trouve pas en contradiction avec les articles, comme je l'ai vu arriver [1]. Rien n'est plus incohérent que d'attribuer au roi un exorde personnel et privatif, comme partie intégrante de dispositions qui n'existent que par la volonté réunie des trois branches de l'autorité législative, et dont on certifie qu'elles ont été *discutées, délibérées* et *adoptées* dans les deux chambres. »

[1] M. Lanjuinais cite pour preuve la loi d'exception du 21 octobre 1814.

§. IX.

SANCTION.

Ce mot , par son étymologie, indique une chose rendue *sainte* , et qu'on ne peut pas violer impunément.

C'est du moins en ce sens que l'entendaient les Anciens. *Sancta res dicicitur* ob sanctionem *quâ res ità munita est, ut violari impunè haud possit* [1].

En 1790, on s'est servi du mot *sanction* pour désigner une forme particulière de la législation. Pour que les décrets de l'assemblée nationale devinssent *lois* , il fallait qu'ils fussent *sanctionnés*, c'est-à-dire, approuvés solennellement par le roi.

Cette sanction n'était cependant pas exigée pour tous les décrets de l'assemblée : on voit, au contraire, qu'il y

[1] Festus, *voce sanctum*.

avait des *actes non sujets à sanction*, et qui pourtant étaient toujours promulgués au nom du roi [1].

Suivant la constitution de 1791, le roi n'avait pas la proposition des lois : il ne pouvait qu'accepter ou rejeter celles qui, soumises à sa *sanction*, étaient en même temps sujettes à son *veto*.

Aujourd'hui, c'est tout le contraire ; le roi propose les lois, et les chambres n'ont que la faculté de les adopter ou de les rejeter.

Cependant la charte ajoute (art. 22) : « Le roi seul *sanctionne* les lois. » D'où il suit que la proposition faite au nom du roi, quoique acceptée par les chambres, n'est pas encore *loi*, et ne le sera qu'autant qu'il plaira au roi de la *sanctionner*. Il pourrait, en effet, arriver qu'une loi, urgente au jour de sa proposition, cessât d'être nécessaire à l'in-

[1] Voy. acte du 13 novembre 1791, dans la collection de lois in-4°. dite du Louvre, t. 6, p. 663.

stant où il s'agirait de la sanctionner et de la promulguer [1] : telle serait, par exemple, une loi faite en vue de la guerre, et qu'un traité de paix rendrait désormais inutile. Dans un tel cas et autres semblables où le gouvernement croirait utile de ne pas aller plus loin, il le peut ; car, tant que le roi n'a pas donné sa sanction, il n'y a pas encore *loi.* Ainsi, l'on a eu raison de dire que la sanction était le *vote royal définitif* [2].

Le roi sanctionne en mettant sa signature sur la minute originale de la loi.

Une fois cette formalité remplie, il y a loi, et il ne reste plus qu'à y apposer le sceau de l'état.

[1] C'est ainsi qu'autrefois, même après qu'une ordonnance ou un édit avaient été enregistrés au parlement, le roi pouvait encore les retirer et ne pas les promulguer. *Max. du droit pub. fr.* tom. 2, pag. 353. Du reste, les raisons qu'on y donne de ce droit ne sont pas les meilleures possibles.

[2] *Essai sur la Charte*, tom. 1, n°. 328.

§. X.

SCEAU DES LOIS.

Le *sceau* ne doit pas être confondu avec la *sanction*.

Il est sans doute la meilleure preuve que la loi a été sanctionnée; mais la preuve d'une formalité n'est pas la formalité même.

Il fut cependant une époque où le sceau tenait lieu de signature.

Anciennement, lorsque des ordonnances ou des lettres-royaux avaient passé au conseil, elles étaient écrites par un notaire du roi et portées à la chancellerie pour y être scellées. En l'absence du chancelier, on y apposait le sceau du Châtelet.

Les lettres-royaux avaient *date*, non du jour qu'elles passaient au conseil, mais du jour qu'elles étaient scellées : le sceau royal leur donnait force de loi sans signature [1].

[1] Isambert, *Recueil de lois*, 1821, préface, pag. VIII et IX.

Lorsque le roi venait à mourir dans l'intervalle de la passation des lettres au conseil et de l'apposition du sceau, il fallait recommencer; ce qui est prouvé par le texte des lettres de novembre 1350, en faveur des habitans de Montreuil-sur-Mer. — *Datum Parisiis, anno D.* 1350, *mense novembris; aliàs sic signata per Dominum regem, in suis requestis, præsente domino J. R. Jussy, et* RESCRIPTA *sub novâ datâ, propter mutationem regis de præcepto vestro.* (CHAPELLE.)

Quelquefois on mettait la date de la délibération du conseil et celle de l'apposition des sceaux. (*Lettres en faveur de Fleurence, en Languedoc. Datum Parisiis, A. D.* 1350, *mense novembris. Sigillata sigillo Castelleti in absentiâ magni, decimâ octavâ die Augusti, anno* 51, *auditâ relatione domini episcopi Laudunensis. Aliàs signata per regem, ad relationem concilii, in quo eratis, vos et dominus Laudunensis, P. Blanchet.*

Et correcta *in cancellaria*. (CLAVEL.)

Il se passa neuf mois entre l'époque où ces lettres furent adoptées au conseil, et celle où elles furent scellées.

Il y en a d'autres semblables données à Paris, au mois de novembre 1351, sigillées le 7 août.

Une ordonnance du mois de mars 1356 est ainsi terminée : « Donné à » Paris, au mois de mars 1356; ainsi » signé par le roi, sur le rapport du con- » seil, et renouvelé sous cette date, à » cause de l'ancienneté d'une autre date, » et du commandement du conseil. »

On scellait en cire verte les priviléges perpétuels, et en cire blanche les concessions à temps [1].

Dans l'usage actuel le sceau ne dispense pas de la signature, et réciproquement la signature du roi ne dispense pas du sceau avec cette mention, *vu et scellé du grand sceau*; et la si-

[1] Voy. Isambert, *Recueil de lois*, 1821, préf. pag. IX.

gnature du chancelier, ou, à son défaut, du secrétaire d'état au département de la justice ayant le titre de garde des sceaux.

C'est un devoir du chancelier ou garde des sceaux, de ne point sceller les lettres surprises au prince et les actes qui seraient contraires aux lois du royaume. « Il doit, dit un ancien jurisconsulte [1], canceller, rompre, briser, révoquer, refuser et dénier toutes choses déraisonnables, inciviles et préjudiciables au prince et à son peuple, *encore que par lui-même de vive voix elles fussent commandées, octroyées et accordées.* » — Il est, suivant Loyseau, le correcteur et le contrôleur des ordonnances et des mandemens du prince [2]. Ce sont les ordonnances elles-mêmes qui ont imposé cette charge au chancelier sous le lien de l'obéissance : il y en a une disposition formelle dans l'article 44 de

[1] Papon, 3e. notaire, titre *Des provisions réservées au prince*, pag. 325.

[2] *Des offices*, liv. 4, chap. 2, no. 29.

l'ordonnance de mars 1356, dans l'article 214 de celle de 1413, et dans plusieurs autres.

Le devoir des chanceliers à cet égard se trouve tracé d'une manière bien remarquable dans le serment qui fut prêté par le chancelier Duprat [1] entre les mains du roi, le 7 janvier 1514. « Quand on vous apportera, y est dit-il, à sceller quelque lettre signée par le commandement du roi, si elle n'est de justice et de raison, vous ne la scellerez point, encore que ledit seigneur le commandât par une ou deux fois : mais viendrez devers icelui seigneur, et remontrerez tous les points par lesquels ladite lettre n'est raisonnable; et, après que aura entendu lesdits points, s'il vous commande de la sceller, la scellerez; car alors le péché en sera sur ledit seigneur, et non sur vous. »

La vie de l'Hospital [2] nous offre à ce

[1] Que Dumoulin appelle : *Bipedum nequissimus*

[2] *Essai sur l'Hospital*, par M. Dufey de

sujet une anecdote assez remarquable. Après la dissolution du colloque de Poissy, le pape avait envoyé en France en qualité de légat Hippolyte d'Est, cardinal de Ferrare. Le chancelier lui refusa des lettres patentes qu'il demandait pour confirmer ses pouvoirs. L'Hospital motivait son refus sur ce que ces lettres étaient *contraires aux libertés de l'église gallicane.* Menaces, prières, séductions, le légat employa sans succès tous les moyens pour vaincre le chancelier : celui-ci demeura inflexible; mais à force d'intrigues et de souplesse, le légat obtint du roi ce qu'il avait vainement demandé au chancelier, à condition toutefois qu'il ne ferait point usage de ses lettres. Malgré cette modification, le chancelier avait encore refusé d'y appposer le sceau de l'état. Le cardinal parvint néanmoins à lui en faire donner l'ordre par le roi. Le chancelier obéit [1] ; mais en mettant sous

l'Yonne, en tête de ses œuvres, édit. de 1824. In-8°. tom. Ier. pag. 158.

[1] Il ne s'agissait en cette occasion que d'un

le sceau cette protestation qu'il avait coutume d'employer en pareille occurrence : *me non consentiente*, sans mon consentement.

Je plie et ne romps pas, est presque toujours la règle de conduite des ministres : cependant on a vu des chanceliers aimer mieux rendre les sceaux que de les apposer à des actes évidemment illégitimes, et l'un d'eux refuser de les reprendre, après qu'on s'en était servi malgré lui pour cet usage, disant qu'ils étaient souillés.

Mais de tels exemples ont été bien rares, et c'est ce qui fait dire aux auteurs du livre intitulé *Maximes du Droit public français*, t. 2, p. 324 : « Les chanceliers sont depuis long-temps des personnages fort complaisans : ils annoncent par leurs actions ce que le chan-

acte de gouvernement ; mais s'il eût été question d'un point fondamental, le devoir du chancelier eût été de rendre les sceaux, plutôt que de se réduire à une vaine protestation démentie par le fait.

celier de Birague disait hautement de bouche, qu'ils sont chanceliers *du roi* de France, et non chanceliers *du royaume* de France.»

Cependant, de nos jours encore, nous avons vu un garde des sceaux, en entrant en charge, avertir les magistrats que Sa Majesté lui avait remis les sceaux *à condition de ne sceller que des lois et actes conformes à la charte constitutionnelle.* [1]

La loi du 27 novembre 1790 porte, article 31 : « L'office du chancelier de France est supprimé. » Je ne connais pas de loi qui l'ait formellement rétabli. — Quoi qu'il en soit, le titre de chancelier de France a reparu, de fait, à l'époque de la restauration.

Cette dignité était autrefois inamovible.

Très-anciennement, dit un historien [2], « cette première dignité de l'ordre ju-

[1] Circulaire de M. Marbé-Marbois, du 2 octobre 1815.

[2] Dufey, *Vie de l'Hospital*, t. Ier. p. 24.

diciaire n'était point considérée comme un *ministère*; c'était une *magistrature nationale*. Depuis long-temps le chancelier était *élu, par scrutin*, dans une assemblée des principaux fonctionnaires des cours souveraines, réunis au Louvre, sous la présidence du Roi. »

Mais, à côté des plus éminentes prérogatives, se trouvait une responsabilité sévère; et l'Hospital lui-même, dans une circonstance où il s'était écarté des règles relatives à l'enregistrement des lois par les Cours souveraines, se vit sur le point d'être décrété d'ajournement personnel, pour venir rendre compte à la Cour de l'infraction qui lui était reprochée [1].

Aujourd'hui l'on peut croire que le chancelier est inamovible; car on a vu M. Dambray, d'abord ministre de la justice, quitter les sceaux et le portefeuille, et conserver toujours le titre de chancelier. En cette qualité, il pré-

2 Dufey, *Vie de l'Hospital*, tom. Ier. p. 143.

sida la Chambre des Pairs, et je ne doute pas qu'à l'avenir cette union de la dignité de chancelier à celle de président de la Chambre héréditaire n'affermisse de plus en plus le principe de cette inamovibilité.

C'est au chancelier que devrait aussi être réservé le droit de présider les sections réunies de la Cour de cassation, et non au garde des sceaux, ministre révocable, auquel manque cette inamovibilité que la charte assure aux magistrats comme première garantie de leur indépendance [1].

Le décret du 6 novembre 1789 a décidé que les signatures, contre-seings et sceaux seraient *uniformes par tout le royaume*.

La loi du 19 octobre 1791 a déterminé que le sceau dont le corps législatif se servirait désormais, porterait ces mots : *la nation, la loi, le roi.*

[1] Cette opinion est partagée par M. Carré dans son grand et bel ouvrage sur la compétence judiciaire, tom. Ier. p. 180. Note 1.

Une autre loi, du 6 octobre 1792, a ordonné que « les anciens sceaux de l'État seraient brisés et portés à la Monnaie. »

Depuis, la forme du sceau et ses emblèmes ont changé avec les divers gouvernemens qui se sont succédé.

Présentement le grand sceau représente d'un côté les armes de France avec cette légende : *Charles X, roi de France et de Navarre*, et de l'autre le roi assis sur son trône tenant le sceptre et la main de justice : attributs pacifiques d'une puissance fondée sur les lois [1].

[1] Le sceau de Hugues Capet est le premier où l'on voie ce que nous appelons *la main de justice*. Il la tient de la main droite, et un globe de la gauche ; il porte sur sa tête une couronne fleuronnée ; il paraît dans ce sceau avec des cheveux courts et une assez longue barbe fourchue : on lit à l'entour cette inscription : HUGO, *Dei misericordiâ*, *Francorum rex*.

§. XI.

DU CONTRE-SEING.

Le contre-seing est encore une formalité employée pour prévenir les surprises.

Après que le roi a signé, l'un de ses officiers ayant caractère pour cette fonction, *signe contre,* c'est-à-dire auprès, afin d'attester que l'acte a réellement été signé par le roi. Ces mots, *par le roi,* précèdent ordinairement le contre-seing.

Charlemagne, qui ne savait pas écrire, faisait contre-signer tous ses actes par son grand référendaire; lui et ses successeurs y apposaient leur signe et leur cachet : *Cruce factâ,* dit la charte de Philippe Ier. de mars 1085.

La charte de Hugues Capet, de 987, sur les libertés et priviléges des églises, est signée de son fils Robert et de quatre de ses premiers officiers.

Les chartes du roi Robert, de 991

et 1025, sont contre-signées du chancelier seul.

Le diplôme de Henri Ier., de 1031, ne porte que son signe, au moins sur la copie telle qu'elle a été conservée. Les lettres patentes du même roi, d'octobre 1057, sont contre-signées par onze de ses officiers; le chancelier est le dernier.

La charte de Philippe Ier., de juillet 1061, est contre-signée de deux personnes, et d'une troisième qui doit être le chancelier[1]. Celle déjà citée, de 1085, porte les seings du sénéchal, du connétable, du boutillier et du chambrier; la signature du chancelier manque.

Les lettres de Louis le Gros, de dé-

[1] Le président Hénault, année 1107, prétend que ce monarque est le premier qui, pour autoriser ses chartes, les ait fait souscrire par ses grands officiers; mais cette opinion semble contredite par les découvertes faites après lui. Voyez *Dissertation sur la diplomatique*, par Laporte Dutheil, 1er. vol. du *Recueil des chartes*.

cembre 1118, portent le signe du roi et le contre-seing du chancelier, avec la mention *relegit et subscripsit*.

La charte de la commune de Laon, de Louis le Gros (1128), est signée du roi et de son fils, et écrite de la main du chancelier.

La charte de 1134 est aussi de la main du chancelier, mais contre-signée de trois autres officiers de sa maison.

La charte de Louis le Jeune, de 1165, est contre-signée de quatre officiers; le seing du chancelier manque.

Celle de 1180 est de la main du chancelier et contre-signée de quatre autres.

Les lettres de Philippe-Auguste, de 1189, 1190, 1200, sont contre-signées de trois officiers de sa maison, la chancellerie étant vacante.

Dans ces premiers temps, on remarque, parmi les contre-signataires des actes royaux, les précepteurs des rois, et quelquefois même leurs confesseurs[1].

[1] Hénault, *Abrégé chron.*

A la dédicace du prieuré de Saint-Martin-des-Champs, après le roi, Hugues son frère, Baudouin, comte de Flandre, régent du royaume, et Baudouin de Mons son fils, on lit, au mois de mai 1067, *Ingelramus, pedagogus regis;* et dans une charte donnée à Melun, la même année, en faveur de l'abbaye de Fleury, on voit encore Ingelram appelé *magister regis*, et Marcellin, maître de Hugues, frère du roi. Il est à remarquer, au surplus, que ces actes sont en matière ecclésiastique.

Dans l'ordonnance de saint Louis, 1262, il est fait mention de ceux par le conseil de qui elle a été rendue.

La formalité du contre-seing ne fut régularisée que quand le gouvernement lui-même fut constitué, c'est-à-dire à partir du règne de Philippe le Bel, sous lequel le parlement fut rendu sédentaire.

Sous Louis XI (en 1481), il fut arrêté que *le roi ne signerait rien qu'il ne le fît contre-signer par un secrétaire d'état; sans quoi on n'y aurait nul égard.*

La même règle a dû être maintenue à l'époque où le gouvernement a été revêtu des formes constitutionnelles et représentatives. Alors, en effet, la formalité du contre-seing n'a pas seulement été employée pour prévenir les surprises, mais pour assurer la responsabilité ministérielle.

La constitution de 1791 en a une disposition expresse; et dans la proclamation du 22 juin 1791, il est dit très-expressément « qu'aucun ordre du roi » ne peut être exécuté s'il n'est contre- » signé par les ministres, qui en de- » meurent responsables [1]. »

Une ordonnance royale du 8 février 1816, *sur le contre-seing des ordonnances et actes émanés de l'autorité royale*, porte ce qui suit : « Louis, etc. Les ordonnances, règlemens et actes d'administration qui émanent de notre

[1] Coll. in-4o. tom. 4, pag. 1288.

autorité royale, *devant être revêtus du contre-seing de l'un de nos ministres secrétaires d'état*, dans leurs attributions respectives, nous avons ordonné et ordonnons ce qui suit : article 1er. En l'absence ou dans le cas d'empêchement de l'un de nos ministres secrétaires d'état, ainsi que dans le cas où nous n'aurions pas nommé à l'un des départemens du ministère, les actes de l'administration de ces départemens ne pourront être contre-signés que par celui de nos autres ministres secrétaires d'état que nous nommerons à cet effet. »

En résumé :

1°. La signature du roi ne suffit pas : le contre-seing d'un ministre responsable est toujours exigé.

2°. Toutes les *lois* doivent être contre-signées par le chancelier ou garde des sceaux ayant le département de la justice : il doit les contre-signer en même temps qu'il y appose le sceau de l'état.

3°. Les simples ordonnances ou autres actes émanés de l'autorité royale ne sont ordinairement contre-signés que par le ministre sur le rapport duquel ils ont été rendus, comme intéressant spécialement son département, ou par celui des ministres que le roi aurait désignés à cet effet.

§. XII.

FORMULES EXÉCUTOIRES.

Les lois sont terminées par une formule exécutoire qui contient *mandement* ou ordre aux différens fonctionnaires de les faire publier et enregistrer et d'en procurer l'exécution.

Autrefois, les lois étaient envoyées aux parlemens pour les enregistrer. Cet enregistrement n'était pas de pure forme; quelquefois il était refusé, d'autres fois accordé seulement avec modification, ou même accompagné de *remontrances*.

Que ce droit ait été disputé aux parlemens, c'est ce qu'attestent les *lettres de jussion*, et ces *lits de justice* ainsi nommés, dit-on, parce que la justice y dormait.

Mais il n'en est pas moins avéré qu'à la longue, la vérification des lois et leur libre enregistrement étaient devenus une forme essentielle de la législation en France.

Cette proposition, qui n'a aujourd'hui qu'un intérêt purement historique [1], pourrait se démontrer par une foule d'exemples, et notamment par un grand nombre de lois restées sans exécution, faute d'avoir été enregistrées, ou pour ne l'avoir été que forcément.

Depuis la suppression des parlemens, la constitution de l'état ayant changé, et le point de résistance, ou, si l'on veut, d'opposition, ayant cessé d'être placé dans les cours de justice; si l'on a continué d'envoyer les lois aux cours et tribunaux, ce n'a plus été pour leur donner le droit de les examiner,

[1] V. mon *Précis hist. du dr. fr.* édit. de 1826, pag. 138 et suiv.

mais seulement *pour les rendre plus notoires.*

Les formules exécutoires ont, comme tout le reste, éprouvé beaucoup de variations. Elles sont conçues tantôt *au nom de la nation*, tantôt *au nom de la république*; une autre fois, *au nom du peuple français.*

La formule actuellement en usage est ainsi conçue : « SI DONNONS EN MANDEMENT à nos cours et tribunaux, préfets, corps administratifs et tous autres, que les présentes ils gardent et maintiennent, fassent garder, observer et maintenir; et *pour les rendre plus notoires à tous nos sujets*, ils les fassent publier et enregistrer partout où besoin sera : *car tel est notre plaisir.* Et afin que ce soit chose ferme et stable à toujours, nous y avons fait mettre notre scel. »

Il ne faut pas confondre la formule que nous venons de transcrire, avec les formules qu'on met ordinairement en tête et à la fin des *actes* et des *arrêts* pour les rendre *exécutoires.* Ces formules ont leur protocole particulier [1]; elles ont dû changer avec chaque gouvernement. Mais comme elles ont été établies par la loi, le seul fait qu'un gouvernement nouveau a été substitué à l'ancien, n'a pas suffi pour changer la formule auparavant en usage : c'est comme une sentinelle qu'il faut relever. Ainsi tant qu'on ne rencontre pas une loi nouvelle qui ait changé la formule préexistante, on doit tenir pour constant que tous les actes expédiés conformément à l'ancienne, sont valables, et que les poursuites faites en vertu de ces actes sont régulières [2].

FORMULE : *car tel est notre plaisir.*

Cette formule qui termine souvent

[1] Voy. lois du 6 octobre 1791, art. 14; loi du 15 août 1792, art. 7 et 9; loi du 25 ventôse an 11, sénatus-consulte du 28 floréal an 12, arrêté du 7 avril 1814, arrêté du 25 juin 1815, ordonn. royale du 30 août 1815.

[2] Loi du 15 août 1792, art. 9; ordonn. roy. du 30 août 1815.

les ordonnances et lettres patentes de nos rois, et que l'on retrouve encore aujourd'hui dans le *si donnons en mandement* placé à la suite des lois, ne signifie pas *car tel est notre caprice, notre fantaisie*[1]; mais *telle est notre volonté*.

C'est, en vieux français, la traduction du *nobis placet* dont les jurisconsultes romains se servaient pour exprimer leur *avis* et donner leurs *consultations*.

Les juges disaient aussi *nobis placet*[2], comme ils disent à présent *nous condamnons*.

[1] Pibrac entendait la formule en ce sens, dans ce célèbre quatrain :

> Je hais ces mots de puissance absolue,
> *De bon plaisir*, de propre mouvement;
> Ils ont aux lois premièrement,
> Et puis aux rois leur puissance tollue.

[2] La sentence prononcée par le proconsul, contre saint Cyprien, était ainsi conçue : *In Tascium Cyprianum gladio animadverti* PLACET. — *Adde* loi 40 ff. *de pœnis;* loi 88, ff. *de egatis;* loi 30, ff. *de pactis dotalibus*.

Dans la plupart des capitulaires on lit la formule : *Placuit atque convenit inter Francos et eorum proceres.*

Voilà pourquoi les lois elles-mêmes sont souvent appelées *placita*[1].

Or, jamais les gens de bonne foi n'ont inféré de toutes ces formules, que les jurisconsultes en donnant leurs consultations, les magistrats en jugeant, et les princes en ordonnant, agissaient *arbitrairement, et sans autre raison que leur bon plaisir.*

Dans les anciens conciles, les évêques exprimaient par le mot *placet* leur adhésion aux décisions sur le dogme ou la discipline. En a-t-on jamais conclu qu'ils se fussent déterminés par caprice, sans connaissance de cause, et uniquement parce qu'ils le voulaient ainsi?

Il y a une foule de choses qu'on ne critique et qu'on ne blâme que par prévention ou faute de les bien entendre.

Peut-être aussi quand des locutions

[1] Exemple : les *Placités* de Normandie.

ont vieilli au point de rendre équivoque pour un grand nombre de gens le sens qu'elles ont pour but d'exprimer, il vaudrait mieux les changer, et y substituer des termes mieux définis.

§. XIII.

IMPRESSION DES LOIS.

Anciennement, aussitôt qu'une loi nouvelle était rendue, nos rois avaient coutume d'ordonner qu'on en fît plusieurs *copies* pour en assurer la conservation et en accélérer la publication. Charlemagne ayant fait, en 812, un capitulaire adressé aux commissaires envoyés dans les provinces pour lever des troupes, ordonne, dans le chapitre 8, « de faire quatre copies de ce capitulaire; une pour les commissaires, une autre pour le comte dans la province duquel on agira, afin que les commissaires et le comte s'y conforment également; la troisième sera entre les mains de ceux à qui nous confierons le commandement de l'armée; et la quatrième restera par-devers notre chancelier. »

Louis le Débonnaire, dans l'épître circulaire sur la formule de l'institution canoniale, qu'il envoya dans les différentes provinces de sa domination, en 816, ordonna de renfermer dans l'armoire de son palais un exemplaire de cette formule, « afin qu'il servît pour convaincre d'infidélité ceux qui ne le copieraient pas exactement, ou ceux qui seraient assez hardis pour l'altérer en quelque partie. »

Le même prince, dans le privilége qu'il accorda aux Espagnols qui s'étaient *réfugiés* en France pour se soustraire à la cruauté des Sarrasins, ordonna de faire plusieurs exemplaires de cette constitution. « Il y en aura, dit-il, un exemplaire à Narbonne, un autre à Carcassonne, un troisième à Roscillon, un quatrième à Empuries, un cinquième à Barcelonne, un sixième à Gironne, le septième à Beziers; et il en sera conservé un exemplaire dans l'archive de notre palais, afin que les Espagnols conservent au milieu d'eux sept exemplaires de la concession, et que l'exemplaire qui sera conservé dans notre palais serve à décider plus facilement les contestations qui pourraient survenir sur le même sujet. »

On conçoit combien, dans ces premiers temps, il était difficile de multiplier ces copies autant qu'il aurait fallu pour les mettre à la portée, je ne dis pas de tous les citoyens, mais même de tous les fonctionnaires.

Lorsqu'on voulait avoir une expédition des capitulaires, il fallait envoyer un copiste muni de parchemin [1].

Et encore dans le petit nombre de copies qu'il était possible d'exécuter ainsi, combien ne devait-il pas se rencontrer de fautes qui en corrompaient

[1] *Mitte scriptorem cum pargamená, ut de armario nostro ipsa capitula accipiat atque conscribat. Recueil général des anciennes lois franç.* par Isambert, tom. 1er. pag. 75.

le véritable sens, et qu'on ne pouvait rectifier qu'en recourant à l'archive du roi !

C'était sans doute alors un bon métier que celui de copiste, et l'on ne doit pas s'étonner si, lors de la découverte de l'imprimerie, les écrivains publics présentèrent requête au parlement contre les novateurs qui s'étaient rendus coupables de cette admirable invention [1].

Ce qui doit plutôt surprendre, c'est que cette compagnie ait accueilli une pareille opposition [2], et contrarié par-là, autant qu'il était en elle, les premiers essais d'un art dont les progrès, si utiles aux sciences et aux lettres, n'ont pas été moins favorables à la législation, à la justice, à la liberté.

[1] *Hist. du parlement de Paris*, chap. XI.

[2] Je rends d'ailleurs assez de justice au parlement de Paris, pour être en droit de remarquer qu'il s'est opposé à l'établissement de plusieurs bonnes institutions ; par exemple, l'imprimerie, la réforme du calendrier, l'académie française, etc.

L'imprimerie une fois découverte, on a pu multiplier les exemplaires de chaque loi, et en répandre la connaissance autant qu'on l'a voulu.

Cependant, cette extrême facilité d'imprimer et de publier les lois ne tarda pas à entraîner des inconvéniens. On vit des imprimeurs avides ou ignorans se hâter de faire imprimer et débiter les lois avant même qu'elles eussent été promulguées par le législateur, et donner ainsi des éditions fautives qui pouvaient égarer les citoyens, leurs conseils et quelquefois même les magistrats.

Le parlement y pourvut en ce qui concernait la publicité de ses actes, par un arrêt rendu le 7 juin 1549, qui, sur les conclusions du procureur général, « défendit d'imprimer et d'afficher aucuns arrêts de la cour ordonnés être lus, publiés et affichés, qu'au préalable la lecture et publication n'en eussent été faites par le juré-crieur ou les *jurés-trompettes* de la ville de Paris. »

Plusieurs fois aussi l'autorité a défendu le débit d'éditions inexactes des lois et ordonnances. Ainsi, par arrêt du conseil du 14 septembre 1669, on supprima l'édition que le libraire Léonard avait donnée de l'ordonnance des eaux et forêts. Elle était remplie de fautes graves. On en fit faire une autre sur la *minute originale* délivrée par deux commissaires à ce commis par M. le chancelier [1].

La nécessité de prendre de semblables précautions pour les lois se fit surtout sentir au commencement de la révolution, lorsque la malveillance se plaisait à répandre comme officiels des actes qui n'avaient aucune existence légale. Pour remédier à cet abus, on rendit, le 26 février 1790, un décret dont l'art. 1er. porte que « nul ne pourra, sous peine d'être puni comme perturbateur du repos public, se prévaloir

[1] Voyez mon *Code du commerce de bois*, t. 1er. pag. 19, à la note.

d'aucun acte prétendu émané du roi et de l'assemblée nationale, s'il n'est revêtu des formes prescrites par la constitution, et s'il n'a été publié par les officiers chargés de cette fonction. »

Depuis, on fit mieux encore en ordonnant, le 14 frimaire an II, l'impression d'un *bulletin officiel* dans lequel toutes les lois seraient transcrites, et qui serait adressé à toutes les autorités constituées; et comme l'abus auquel le décret de 1790 avait porté remède s'était renouvelé, au point qu'on se hâtait quelquefois d'imprimer les lois *avant même qu'elles n'eussent été adoptées par le corps législatif,* un décret du 6 juillet 1810 défendit de nouveau à toutes personnes d'imprimer et de débiter des sénatus-consultes, codes, lois et règlemens d'administration publique, avant leur insertion au *Bulletin des Lois.*

L'impression de ce bulletin est réservée exclusivement à l'imprimerie royale. (Ordonn. du 12 janvier 1820, art. 2.)

« En conséquence, y est-il dit, art. 3, il est permis à tous imprimeurs ou libraires d'imprimer et de débiter les lois et ordonnances du royaume *aussitôt après* leur publication officielle au Bulletin des Lois.

Cependant ces défenses n'ont pas été maintenues à la rigueur; car on imprime tous les jours, dans le *Moniteur* et dans les autres journaux, ou dans des ouvrages particuliers, des décrets ou ordonnances qui n'ont pas été insérés préalablement au *Bulletin des Lois* : c'est la faute du gouvernement qui, le premier, y a donné lieu, en négligeant de publier, par la voie du Bulletin officiel, des actes dont cependant ses fonctionnaires exigeaient l'exécution.

Il eût mieux valu tenir rigoureusement au principe qui, comme nous le verrons plus tard, refuse toute force d'exécution aux lois et ordonnances tant qu'elles n'ont pas été promulguées dans les formes prescrites.

Avant de terminer ce paragraphe,

nous ferons observer que le Bulletin étant *officiel*, il en résulte la présomption légale que les lois et ordonnances sont telles qu'elles y sont insérées; en conséquence, s'il se trouve quelque différence entre le texte des autres éditions et celui du Bulletin, c'est toujours au Bulletin qu'il faut s'arrêter, *comme étant seul obligatoire*[1].

Cependant, comme l'exactitude du Bulletin n'est fondée que sur une présomption qui doit nécessairement céder devant la preuve contraire, on est toujours recevable à articuler que l'édition du Bulletin n'est pas conforme à la *minute originale;* seulement cette preuve est à la charge de celui qui articule le fait.

Ce que nous avons dit de la défense d'imprimer les lois avant leur insertion au Bulletin ne peut pas s'appliquer aux anciennes ordonnances, puisque mal-

[1] Avis du conseil d'état du 7 janvier 1813, relatif au *Recueil des lois françaises*.

heureusement il n'existe pas de recueil officiel qui les renferme, et qu'on ne sait souvent où les prendre. Il serait cependant bien à désirer que toutes ces lois fussent imprimées, afin qu'on ne fût pas dans la pénible alternative, ou d'y être sujet en les ignorant, ou de n'y pouvoir trouver secours faute de savoir où les rencontrer.

§. XIV.

ENVOI DES LOIS.

Au commencement de la révolution, on nomma une commission dite *de l'envoi des lois*, qui était spécialement chargée de les expédier aux diverses autorités.

Ensuite le ministre, et présentement le chancelier ou le garde des sceaux, ont été chargés de ce soin.

Un décret du 25 mai 1811 règle *l'état de la distribution gratuite du Bulletin des Lois*.

Cette distribution doit être faite principalement aux autorités dites *constituées*, c'est-à-dire aux administrations *permanentes* et aux tribunaux ordinaires institués par la loi.

Ce n'est pas qu'on n'envoie aussi les lois aux agens de toute espèce, quelque extraordinaires qu'ils soient [1]; mais ce n'est pas à ces agens que s'adresse la recommandation de les faire publier et enregistrer ; cette publication et cet enregistrement n'appartiennent régulièrement qu'aux administrations locales et aux juges territoriaux.

Dumoulin fait une remarque semblable en parlant de la publication des ordonnances qui devait avoir lieu, chaque année, à l'ouverture des parlemens : « Ceci, dit-il, n'a pas été établi en faveur des gens d'affaires, mais en faveur du peuple envers qui le prince a contracté l'engagement d'ériger des par-

[1] C'est ainsi qu'on envoyait aux *tribunaux révolutionnaires* les lois qui les concernaient. Voy. décret du 13 sept. 1793 — et les Prevôts !

lemens *sédentaires,* afin qu'il pût vivre en sûreté sous la protection d'une cour réglée ; qu'il pût prendre plus de confiance aux juges qu'il aurait habituellement sous ses yeux, et qu'il fût à couvert des vexations et des périls qu'il courrait avec des juges inconnus donnés par délégation extraordinaire à des *commissaires* [1], c'est-à-dire aux plus dangereux de tous les juges [2]. »

[1] *Hoc non statuitur favore pragmaticorum, sed totius populi, cujus præcipuè favore etiam per viam contractûs icto fœdere, erecta sunt et certis sedibus fixa parlamenta : ut subditi sub* certâ ordinariâ juridictione, *securiùs vivant,* sub confidentiâ sincerioris justitiæ ; *tueanturque ab injuriis et periculis ignotorum judicum, et extraordinariarum quas vocant commissionum seu delegationum, quæ periculosissimæ sunt.* (*Stylus parlamenti*, part. 3, tit. 1, § 6, *Not. margin.* t. 2. *Operum*, pag. 488, édition de 1681.)

[2] Voyez dans les annales du barreau franç. tom. 10, 1re. partie, affaire Ney, pag. 17, plusieurs citations curieuses sur les *commissaires* et les jugemens *par commission.*

§. XV.

PROMULGATION DES LOIS.

Il faut, dit le chancelier Bacon, que la loi avertisse avant que de frapper. *Oportet ut lex moneat, priusquàm feriat.*

De cet aphorisme dérivent deux règles que la raison seule indique et que les lois elles-mêmes ont consacrées : la première, qu'une loi n'est obligatoire que du jour qu'elle est connue ; — la seconde, que la loi n'est censée connue que du jour où ont été remplies les conditions requises par le législateur, pour que la notoriété en soit réputée constante et universelle.

On trouve ces maximes établies chez tous les peuples qui ont connu la civilisation.

Ouvrons la Bible, nous y voyons que Dieu grava ses lois sur la pierre et les donna à Moïse pour qu'il les enseignât au peuple. *Exod.* XXIV. 12.

Il ordonna aussi à ce prophète de les *publier* devant le peuple assemblé, et de les déposer entre les mains des lévites, qui tous les sept ans devaient en faire une nouvelle *publication*. (Deuter. XXXI. 9 et suiv.)

Dans le livre d'Esther nous lisons qu'Assuérus ayant rendu un édit pour que les maris fussent les maîtres chez eux; *in domibus suis*, et pour que les femmes rendissent à leurs époux l'honneur qu'elles leur doivent, *deferant maritis suis honorem*, « envoya à toutes les provinces de ses états des lettres *traduites en diverses langues*, afin que chaque nation pût *les lire et les entendre*; avec ordre que cet édit fût publié parmi tous les peuples de sa domination. »

Chez les Abyssins les lois restaient constamment exposées aux regards du public dans l'auditoire du premier tribunal de chaque ville [1].

[1] *Statuta in majori urbis cujusque foro* palàm

Les Athéniens faisaient ordinairement graver leurs actes publics sur des colonnes de pierre ou d'airain [1].

A Rome, du temps de la république, les projets de loi étaient d'abord promulgués, afin que chaque citoyen pût en prendre connaissance, pour les approuver, les combattre, ou proposer des amendemens [2].

Quand la loi avait passé du côté du peuple, les consuls la faisaient graver

et publicè exposita, *quorum ad præscriptum ferri sententias oporteat : idcircò neque patronis, neque causidicis, neque cognitoribus, neque rabulis, neque ullis demum jurisperitis esse opus : si quid occurrat quod juxtà illas leges scriptas nequeat judicari, id boni vini committi arbitrio.* (GODIGNUS, *de Abyssinorum rebus, lib.* 1, *cap.* 13, *p.* 80, *edit.* 1615, in-8°.)

[1] *Apud Athenienses obtinuit ut haud rarò acta publica in columnas scriberentur, erantque hæ columnæ vel æreæ vel lapideæ.* (POLLUCIS *onomasticon, lib.* 8, *cap.* 6, *not.* 76, *tom.* 2, *edit.* 1706, pag. 886.)

[2] HIMNECC. *antiq. rom lib* 1, tom. 2, §. 4.

sur des tables [1] qui restaient exposées à tous les regards, de sorte que personne ne pouvait les ignorer [2].

Les préteurs publiaient aussi avant leur entrée en charge l'édit suivant lequel ils se proposaient de juger pendant le cours de leur magistrature : cet édit était écrit *in albo;* et il y avait des peines très-sévères contre ceux qui se permettaient de l'effacer [3].

Les empereurs adoptèrent la méthode de faire graver leurs lois sur des tables

[1] Les lois des 12 tables furent ainsi nommées parce qu'elles furent gravées sur douze tables d'airain. Denis d'Halicarnasse, *antiq. rom.* x, pag. 681. Ces tables étaient exposées près de la tribune aux harangues, Tit. Liv. iii, 57. Diod. Sicil. *Bibl.* xii, 26.

[2] Voyez Brisson, *de formulis et solemnibus populi romani*, et un opuscule de M. Berriat-Saint-Prix, intitulé : *Recherches sur les divers modes de publication des lois, depuis les Romains jusqu'à nos jours*. Paris, 1809. Broch. in-8°.

[3] Voyez le titre du digeste, *de albo corrupto*.

d'airain avant de les exposer aux yeux du peuple [1].

Entr'autres reproches que l'histoire fait à Caligula, on remarque celui que lui adresse Suétone [2], d'avoir proposé une loi et de l'avoir fait graver en caractères si menus et placer dans un endroit resserré et dans un jour si défavorable, que personne ne pouvait lire ce qu'elle contenait [3].

Mais cet exemple est unique dans

1 *Æreis tabulis scripta per omnes civitates Italiæ proponatur. L.* 1, *Cod. Theod.* de aliment. quæ inop. parent. *Quod ut perpetuâ observatione firmetur* (et afin que ce soit chose ferme et stable à toujours), *legem hanc incisam æreis tabulis jussimus publicare. L.* 11, *Cod. Theod.* quemad. muner. civil.

2 *Proposuit quidem legem, sed et minutissimis litteris, et angustissimo loco, uti ne cui describere liceret.* Suet. in Calig. *cap.* 41.

3 M. Casimir Perrier a fait le même reproche aux ministres, au sujet des *listes électorales* qu'on avait fait afficher si haut, qu'on ne pouvait, disait-il, les lire qu'à l'aide d'échelles.

l'histoire du droit romain ; et l'on trouve le principe de la nécessité d'une promulgation préalable des lois, clairement posé par l'empereur Anastase dans la loi 65 au code *de decurionibus*, où, en parlant d'une précédente ordonnance de Zénon, il dit qu'elle ne doit être exécutée que du jour de sa promulgation : *ex die quo promulgata est, vires suas habere*.

Si de l'empire des Césars nous passons à celui de Charlemagne, les capitulaires nous sont un témoignage du soin qu'il prit, ainsi que ses successeurs, de faire connaître et de promulguer les lois.

Aussitôt, dit Baluze, que les capitulaires avaient été rédigés par ordre de l'empereur, on en faisait la lecture dans l'assemblée de la nation, afin que chacun donnât son consentement à leur exécution. C'est ce que nous apprend le chapitre 19 du troisième capitulaire de l'an 803. « Il faut consulter le peuple » sur les capitules qui ont été nouvelle- » ment ajoutés à la loi, et après que tous

» y auront acquiescé, ils certifieront » par leurs signatures le consentement » qu'ils auront donné à leur exécution.

On faisait ensuite promulguer les lois.

Le soin de les publier dans les provinces ne regardait pas seulement les évêques et les comtes, il appartenait encore aux commissaires que le roi déléguait dans les départemens, sous le titre de *missi dominici.* L'instruction que Louis le Débonnaire donna, en 823, à ses commissaires, est ainsi conçue : « Nous voulons qu'il soit connu de tout » le monde que nous avons établi ces » commissaires *pour faire connaître à* » *tous nos sujets les capitules* en pré- » sence du peuple (*coram populo*), afin » qu'ils soient connus de tous, et que » personne ne puisse s'excuser sur ce » qu'il les a ignorés. »

L'édit donné à Crécy par Charles le Chauve, en 861, est terminé de cette manière : « Ainsi nous vous mandons de faire lire, connaître et observer dans notre palais, dans les villes, dans les assemblées et dans les marchés, la présente constitution, afin que personne ne s'en écarte par ignorance ou à dessein. »

Sous la troisième race, nous voyons nos rois apporter le même soin à assurer la promulgation de leurs lois.

En 1490, Charles VIII ordonne au parlement de Toulouse de faire *relire et publier chaque année*, à sa rentrée, les ordonnances de Charles VII, *anno quolibet in parlamenti principio legantur et publicentur*[1].

François Ier., par son édit du mois de novembre 1539, prescrit que « ses ordonnances seront *attachées à un tableau*, *écrites sur du parchemin en grosses lettres*, dans les seize quartiers de Paris et dans les faubourgs, *aux lieux les plus éminens*, afin que chacun puisse les connaître et les entendre : fait toutes

[1] C'est sur cette ordonnance que porte la note de Dumoulin, ci-devant rapportée, pag. 85.

défenses de les ôter, à peine de punition corporelle, et ordonne aux commissaires de quartier de les prendre sous leur garde et d'y veiller.

Jusqu'en 1789, dès qu'une ordonnance ou un édit étaient rendus, ils étaient aussitôt adressés aux parlemens pour qu'ils eussent à les enregistrer.

J'ai déjà parlé de l'importance de cette formalité.

Mais il n'est pas de règle salutaire dont le pouvoir n'ait essayé de s'affranchir toutes les fois qu'il a voulu devenir absolu.

C'est ainsi que le gouvernement impérial a plusieurs fois exigé l'exécution de décrets qu'il n'avait pas osé promulguer ouvertement.

Sous Henri III on vit encore quelque chose de plus extraordinaire, *une loi verbale !*

Dans les Maximes du droit public français, tome 2, page 325, le fait est ainsi raconté : « Le 21 mars 1580, Henri III mande deux présidens et deux conseillers du grand conseil *pour entendre* une déclaration qu'il voulait leur faire de sa volonté sur la nomination aux abbayes et prieurés électifs de moniales ; les procès nés à ce sujet avaient été jugés diversement dans les parlemens, non assez informés de sa volonté. Pour cela il en a retenu la connaissance à son conseil privé, de laquelle voulant à présent le décharger, il les renvoie tous à son grand conseil, en interdisant la connaissance à tous autres juges et cours du royaume, moyennant la déclaration qu'il fait à sondit grand conseil de sa volonté, qu'il entend et commande être entièrement suivie de point en point, et, en ce faisant, que le possessoire desdits bénéfices soit adjugé.... Laquelle déclaration il aurait voulu leur faire *entendre* pour toute la compagnie de sondit grand conseil ; auquel il enjoint expressément *faire enregistrer ladite présente déclaration* en un registre à part et séparé d'avec les autres expéditions qui se communiquent aux parties ;

n'ayant voulu, sadite majesté, pour certaines considérations, *en faire ni publier autre édit et déclaration que la présente*, qu'il veut être de tel effet, force et vertu, que s'il était passé par édit publié en son grand conseil et par tous les parlemens de son royaume; déclarant nul tout ce qui serait ci-après fait par les gens de sondit grand conseil au contraire de ladite déclaration, nonobstant quelconques édits et lettres à ce contraires. »

Sur quoi les courageux auteurs de l'ouvrage précité font la remarque suivante : « Jusqu'à présent on a *rédigé* les lois *par écrit ;* dans cinquante ans, le Roi n'annoncera plus ses volontés que par des déclarations *verbales.* On prétendra qu'il en a le droit parce qu'il est le maître, et que d'ailleurs, n'ayant pas moins d'autorité que ses prédécesseurs, il peut faire ce qu'a fait Henri III..... Voilà, peut-être, la forme de législation qui nous est réservée par la suite, si chaque souverain n'a d'autre règle à cet égard que sa volonté séduite ! »

Heureusement que ce pronostic ne s'est pas vérifié. Les choses, au contraire, se sont améliorées en ce point. Mais avant d'arriver au dernier état de la législation, il faut en parcourir toutes les phases, et cela par une raison toute simple, puisque les lois ne sont exécutoires que du jour de leur promulgation ; il faut donc, avant d'appliquer une loi, savoir si elle était ou non devenue obligatoire à l'époque où se place l'affaire qu'il s'agit de régler. Pour cela, il faut connaître quel était le mode de promulgation usité, au jour où chaque loi a été rendue. Continuons donc notre exposé ; car, aujourd'hui même, on entend encore dans les tribunaux reprocher à certaines ordonnances de n'avoir point été reçues, et de n'être point exécutoires, faute d'avoir été enregistrées dans les parlemens, ou pour ne l'avoir été qu'avec modification. Exemple, l'ordonnance de 1629.

L'enregistrement dans les parlemens

renfermait ordinairement la clause « qu'à la diligence du procureur général, il en serait envoyé des copies dûment collationnées dans tous les bailliages à sénéchaussées du ressort, pour y être procédé à semblable lecture, publication et enregistrement, à la diligence des substituts du procureur général, qui en certifieraient la cour dans le mois. »

De là, la question de savoir si l'enregistrement et la publication d'une loi dans une cour souveraine suffisaient pour la rendre obligatoire dans tout le ressort de cette cour ?

Les avis étaient partagés sur ce point. Dans certains ressorts, la loi était censée promulguée, et elle devenait exécutoire pour tous les habitans du pays, du jour qu'elle avait été enregistrée par le parlement de la province. Dans d'autres ressorts, on ne regardait l'enregistrement dans les cours que comme le complément de la loi considérée en elle-même, et non comme sa promulgation ou sa publication. On jugeait que la formation de la loi était consommée par l'enregistrement, mais qu'elle n'était promulguée que par l'envoi aux sénéchaussées et bailiages, et qu'elle n'était exécutoire dans chaque territoire, que du jour de la publication faite à l'audience par la sénéchaussée ou par le bailliage de ce territoire.

Cependant l'opinion la plus générale était que l'on devait à cet égard distinguer entre les lois dont l'exécution était purement passive de la part de ceux qu'elles gouvernaient (par exemple, les lois sur les impôts), et celles qui réglaient les actions, les contrats et les dispositions des hommes : — que les premières devaient avoir leur effet du jour de leur enregistrement dans les cours supérieures, quoique les tribunaux inférieurs qui devaient les faire exécuter dans leurs territoires respectifs, ne les eussent pas encore reçues; et que les secondes n'étaient obligatoires dans l'étendue de chaque bailliage ou sénéchaussée que du jour qu'elles y avaient été enregistrées et publiées.

C'est à ce second cas que se rapporte ce que dit Rodier sur l'art. 4 du tit. I de l'ordonnance de 1667 : « Il est de » maxime qu'une loi doit être connue » pour être exécutée. L'enregistrement » fait dans les cours souveraines, dont » le ressort est communément fort vaste, » ne peut en donner une connaissance » suffisante dans tout le ressort, à » compter du jour de l'enregistrement » au greffe de cette cour...; aussi est-ce » du jour de la publication faite dans » les bailliages, sénéchaussées et judicatures royales, que les édits et ordon» nances doivent être observés dans l'é» tendue de ces juridictions. C'est ainsi » que M. le chancelier d'Aguesseau s'en » est expliqué dans une lettre écrite à » M. le procureur-général du parlement » de Toulouse, du 7 février 1750 [1]. »

[1] On trouve en effet plusieurs arrêts qui

Le premier décret qui ait changé l'ordre anciennement établi, est celui du 9 novembre 1789. Il voulut que les lois fussent désormais adressées par le ministre de la justice, non-seulement aux parlemens et aux conseils supérieurs qui existaient alors, mais encore « à » tous les tribunaux, corps administra-» tifs et municipalités, et qu'elles fus-» sent mises à exécution, dans le ressort » de chaque tribunal, à compter du » jour où les formalités de transcription » sur le registre, publication et affi-» ches, y auraient été remplies. »

Cependant l'auteur du Répertoire de Jurisprudence remarque que les transcriptions, publications et affiches qui, d'après ce décret, devaient se faire de l'autorité des corps administratifs et des

l'ont ainsi jugé dans des espèces remarquables, qu'on peut consulter dans Bardet, tom. 1, l. 3, ch. 16, Denisart, au mot *Édit*, Salviat, Jurispr. du parlement de Bordeaux, *Question* 13; et le Répert. de jurisprud. au mot *Loi*, §. v, n°. 2.

municipalités, n'étaient que de pure solennité, et que les lois ne devenaient obligatoires pour les citoyens que par la transcription, la publication et l'affiche faites au tribunal de leur ressort.

Mais il paraît (ajoute-t-il) que ce décret n'a reçu aucune espèce d'exécution, quoiqu'il eût été accepté par le roi, scellé du sceau de l'état, et imprimé à l'imprimerie du gouvernement. Du moins, nous voyons que, pendant l'année qui l'a suivi, les décrets acceptés ou sanctionnés par le roi ont été promulgués, non comme l'ordonnait ce décret, sous le titre de *lois*, mais tantôt sous celui de *lettres-patentes*, tantôt sous celui de *proclamation*, tantôt sous celui de *déclaration*, tantôt enfin sous celui d'*arrêt du conseil*.

Des difficultés s'élevèrent à ce sujet, et elles donnèrent lieu à la loi du 25 novembre 1790, dont il importe de bien saisir les dispositions.

Cette loi est divisée en deux parties

bien distinctes : l'une est rédigée en forme de *déclaration*, parce qu'elle ne se rapporte qu'aux décrets rendus et sanctionnés jusqu'alors ; et c'est à l'égard seulement de ces décrets qu'elle établit en principe que la publication faite, soit par le tribunal, soit par l'administration d'un arrondissement, a suffi pour les rendre obligatoires pour tous les citoyens, dans toutes les communes de l'arrondissement.

La seconde partie est en forme de *décret*, parce qu'elle a pour objet les lois qui seront rendues à l'avenir.

Or, dans cette seconde partie, bien loin de vouloir que la publication faite au chef-lieu judiciaire ou administratif d'un arrondissement soit, par cela seul, censée faite dans toutes les communes qui en dépendent, elle exige impérieusement que la publication se fasse dans toutes les communes, savoir, dans le chef-lieu de chaque département ou district, par l'administration de district ou de département qui y siége ; et, dans chacune des autres communes, par la municipalité.

Aussi existe-t-il trois décrets antérieurs à la loi du 14 frimaire an XI, qui décident formellement que, d'après la loi du 2 novembre 1790, les lois ne deviennent obligatoires, dans chaque commune, que du jour où elles y sont publiées; ce sont les décrets des 1er. et 2 octobre 1793 et 12 frimaire an XI.

Cependant, quoique cela soit sans difficulté et n'ait jamais été révoqué en doute pour les *lois administratives*, il faut remarquer que la cour de cassation a, par trois arrêts positifs, décidé que, relativement aux objets fournis à la *juridiction des tribunaux*, ni la loi du 2 novembre 1790, ni celle du 13 juin 1791, n'avaient dérogé à celle du 9 novembre 1789; qu'en conséquence, tant qu'avait duré le mode de publication qu'elles avaient établi, les lois n'avaient pu devenir obligatoires que par la transcription, la publication et l'affiche qui en avaient été faites *dans chaque tribunal de district* ; et que cette transcription, cette publication, cette affiche n'avaient pas eu besoin, pour les rendre obligatoires relativement à ces objets, d'être réitérées *dans chaque commune*.

La loi du 14 frimaire an XI introduisit un changement dans le mode de publication des lois. Par cette loi, la convention ordonna l'impression d'un *Bulletin officiel*, dans lequel toutes les lois seraient transcrites et qui serait adressé à toutes les autorités constituées, et elle décida que la loi ne serait obligatoire, dans chaque commune, que du jour où le numéro du bulletin qui la renfermerait y aurait été publié à son de trompe et de tambour.

Mais le mode de publication n'a été mis en activité que le 23 prairial an II, et, jusqu'à cette époque, les lois n'ont pu devenir obligatoires que de la manière réglée par la loi du 2 novembre 1790.

Vint ensuite la loi du 12 vendémiaire an IV ; elle supprima les publications à son de trompe et de tambour, mais elle conserva l'usage d'un *Bulletin officiel* que le ministre de la justice fut chargé d'adresser aux administrations départementales et municipales, aux tribunaux et à un grand nombre de fonctionnaires publics; et elle déclara que les lois obligeraient, dans chaque département, du jour où le Bulletin serait distribué au chef-lieu.

L'article 1er. du Code civil forme le dernier état des choses; il est ainsi conçu :

« Les lois sont exécutoires dans tout le territoire français, en vertu de la *promulgation* qui en est faite par le roi.

» Elles seront exécutées dans chaque partie du royaume, du moment où la promulgation pourra en être *connue*.

» La promulgation faite par le roi sera *réputée connue* dans le département de la résidence royale, un jour après celui de la promulgation; et dans chacun des autres départemens, après l'expiration du même délai, augmenté d'autant de jours qu'il y aura autant de fois dix myriamètres (environ vingt lieues anciennes) entre la ville où la promulgation aura été faite, et le chef-lieu de chaque département. »

En présentant cet article au corps législatif, le conseiller d'état Portalis développait ainsi les motifs du nouveau mode adopté pour la promulgation des lois.

Il venait de rendre compte des différens modes successivement mis en usage pour cette promulgation, et il continuait en ces termes :

« L'envoi d'un Bulletin officiel aux administrations et aux tribunaux est encore aujourd'hui le mode que l'on suit pour la promulgation et pour la publication des lois.

» Dans le projet de code civil, les rédacteurs se sont occupés de cet objet; ils ont consacré le principe que les lois doivent être adressées aux autorités chargées de les exécuter ou de les appliquer.

» Ils ont pensé que les lois dont l'application appartient aux tribunaux, devraient être exécutoires dans chaque partie de la république, du jour de leur publication par les tribunaux d'appel, et que les lois administratives devraient être exécutoires du jour de la publication faite par le corps administratif.

» Ils ont ajouté que les lois dont l'exécution et l'application appartiendraient à la fois aux tribunaux et à d'autres autorités, leur seraient respectivement adressées, et qu'elles seraient exécutoires du jour de la publication faite par le corps administratif.

» Ils out ajouté que les lois dont l'exécution et l'application appartiendraient à la fois aux tribunaux et à d'autres autorités, leur seraient respectivement adressées, et qu'elles seraient exécutoires en ce qui est relatif à la compétence de chaque autorité, du jour de la publication par l'autorité compétente.

» Les avantages et les inconvéniens de divers systèmes ont été balancés par le gouvernement, et il a su s'élever aux véritables principes.

» Une loi peut être considérée sous deux rapports : 1°. relativement à l'autorité dont elle est émanée ; 2°. relativement au peuple ou à la nation pour qui elle est faite.

» Toute loi suppose un législateur.

» Toute loi suppose encore un peuple qui l'observe et qui lui obéisse.

» Entre la loi et le peuple pour qui elle est faite, il faut un moyen ou un lien de communication ; car il est nécessaire que le peuple sache ou puisse savoir que la loi existe, et qu'elle existe comme loi.

» *La promulgation est le moyen de constater l'existence de la loi auprès du peuple, et de lier le peuple à l'observation de la loi.*

» Avant la promulgation de la loi, la loi est parfaite relativement à l'autorité dont elle est l'ouvrage ; mais elle n'est point obligatoire pour le peuple en faveur de qui le législateur dispose.

» La promulgation ne fait pas la loi; mais l'exécution de la loi ne peut commencer qu'après la promulgation de la loi : *non obligat lex , nisi promulgata.*

» La promulgation est la vive voix du législateur.

» En France, la forme de la promulgation est constitutionnelle; car la constitution règle que les lois seront promulguées, et qu'elles le seront par le chef du gouvernement.

» D'après la constitution, et d'après les maximes du droit public universel, nous avons établi, dans le projet, que les lois seraient exécutoires en vertu de la promulgation faite par le chef du gouvernement. Si la voix de ce premier magistrat pouvait retentir à la fois dans tout l'univers français, toute précaution ultérieure deviendrait inutile : mais la nature même des choses résiste à une telle supposition.

» Il faut pourtant que la promulgation soit connue ou puisse l'être.

» Il n'est certainement pas nécessaire

d'atteindre chaque individu. La loi prend les hommes en masse; elle parle, non à chaque particulier, mais au corps entier de la société.

» Il suffit que les particuliers aient pu connaître la loi, c'est leur faute s'ils l'ignorent, quand ils ont pu et dû la connaître, *idem est scire, aut scire debuisse, aut potuisse*. L'ignorance du droit n'excuse pas.

» La loi était autrefois un mystère jusqu'à sa formation; elle était préparée dans les conseils secrets du prince. Lors de la vérification qui en était faite par les cours, la discussion n'en était pas publique, tout était dérobé constamment à la curiosité des citoyens. La loi n'arrivait à la connaissance des citoyens que comme l'éclair qui sort du nuage.

» Aujourd'hui il en est autrement; toutes les discussions et toutes les délibérations se font avec solennité en présence du public. Le législateur ne se cache jamais derrière un voile, on connaît ses pensées avant même qu'elles soient réduites en commandement. Il prononce la loi au moment où elle vient d'être formée, et il la prononce publiquement.

» Un délai de dix jours précède la promulgation, et, pendant ce délai, la loi circule dans toutes les parties de l'empire.

» Elle est donc déjà *publique* avant d'être *promulguée*.

» Cependant, comme ce n'est là qu'une publication *de fait*, nous avons cru devoir garantir encore cette publicité *de droit*, qui produit l'obligation et qui force l'obéissance.

» Après la promulgation, nous avons en conséquence ménagé de nouveaux délais pendant lesquels la loi promulguée dans le lieu où siége le gouvernement, peut être successivement parvenue jusqu'aux extrémités de la république.

» On avait jeté l'idée d'un délai unique, d'un délai uniforme, après lequel la loi aurait été, dans le même instant, exécutoire partout.

» Mais cette idée ne présentait qu'une fiction démentie par la réalité. Tout est successif dans la marche de la nature ; tout doit l'être dans la marche de la loi.

» Il eût été absurde et injuste que la loi fût sans exécution dans le lieu de sa promulgation et dans les contrées environnantes, parce qu'elle ne pouvait pas encore être connue dans les parties les plus éloignées du territoire national.

» *Personne n'est affligé de la dépendance des choses : on l'est de l'arbitraire de l'homme.*

» J'ajoute que de grands inconvéniens politiques auraient pu être la suite d'une institution aussi contraire à la justice qu'à la raison et à l'ordre physique des choses.

» Nous avons donc gradué les délais d'après les distances.

» Le système du projet de loi fait disparaître tout ce que les différens systèmes, admis jusqu'à ce jour, offraient de vicieux.

» Je ne parle point de ce qui se pratiquait sous l'ancien régime. Les institutions d'alors sont inconciliables avec les nôtres.

» Mais j'observe que dans ce qui s'est pratiqué depuis la révolution, on avait trop subordonné l'exécution de la loi au fait de l'homme.

» Partout on exigeait des lectures, des transcriptions de la loi, et la loi n'était point exécutoire avant ces transcriptions et ces lectures. A chaque instant la négligence ou la mauvaise foi d'un officier public pouvaient paralyser la législation au grand préjudice de l'état et des citoyens.

» Les transcriptions et les lectures peuvent figurer comme moyens secondaires, comme précautions de secours.

» Mais il ne faut pas que la loi soit abandonnée au caprice des hommes. Sa marche doit être assurée et imperturbable. Image de l'ordre éternel, elle doit, pour ainsi dire, se suffire à elle-même. Nous lui rendons toute son indépendance, en ne subordonnant son exécution qu'à des délais, à des précautions, commandées par la nature même.

» Le plan des rédacteurs du projet de code joignait au vice de tous les autres systèmes un vice de plus.

» Dans ce plan, on distinguait les lois administratives d'avec les autres, et, pour la publication, on faisait la part des tribunaux et celle des administrateurs.

» Il fallait donc, avec un pareil plan, juger chaque loi pour fixer l'autorité qui devait en faire la publication. Cela eût entraîné des difficultés interminables et des questions indiscrètes qui eussent pu compromettre la dignité des lois.

» Le projet que je présente prévient tous les doutes, remplit tous les intérêts, et satisfait à toutes les convenances. »

En conséquence l'article premier du code fut décrété.

Cet article posait la règle ; mais on sentit que son application pouvait faire naître de fréquentes contestations sur la juste étendue des distances. Pour les prévenir, du moins en grande partie, le gouvernement a fait dresser un *tableau* dans lequel sont indiquées les distances de chaque chef-lieu de département, à la ville de Paris, qui est le lieu ordinaire de la résidence royale, et où, par conséquent, les lois sont promulguées.

On ne doit cependant pas croire que le délai nécessaire pour que la loi devienne obligatoire, doive toujours se calculer à la rigueur d'après la fixation que contient cet arrêté, des distances de Paris au chef-lieu de chaque département. Car, ainsi que l'observait le premier consul, à la séance du conseil d'état du 14 thermidor an 9 : « le gouvernement a la faculté de modifier cette fixation, toutes les fois que des obstacles naturels, comme un débordement de rivière, la chute d'un pont, ou d'autres semblables, interceptent les communications ordinaires, et forcent de prendre une route plus longue. »

Les mêmes raisons s'appliquent avec plus de force encore, au cas où l'invasion d'un ennemi *ou d'un allié* empêcherait la loi de pénétrer dans une partie quelconque du territoire français. « Alors la présomption de l'article premier doit céder à la certitude des faits. » (*Discussion au conseil d'état, séance du 24 brumaire an* 10.)

De même que le délai de la promulgation peut être retardé, de même aussi il peut quelquefois être abrégé. Voyez l'ordonnance du 27 novembre 1816 et celle du 18 janvier 1817. Voyez aussi ce que dit M. Locré de ces promulgations hâtives, dans son *Esprit du Code civil*, tom. 1er., p. 139.

Le mot *jour* employé dans l'art. 1er. du Code civil doit s'entendre d'un délai de vingt-quatre heures. Ce n'est qu'après ce délai de vingt-quatre heures expiré, que la loi devient obligatoire.

Le procès verbal de la discussion au conseil d'état ne laisse aucun doute à ce sujet.

Jusqu'ici nous avons employé tantôt le mot de *promulgation*, tantôt celui de *publication*, sans faire sentir le rapport ou la différence qui pouvait exister entre eux.

Autrefois ces deux mots étaient synonymes; on les définissait l'un par l'autre [1]. Mais le décret du 9 novembre 1789 leur assigna des significations différentes ; il appela *promulgation* l'acte par lequel le chef de l'Etat attestait au corps social l'existence de l'acte législatif qui constitue la loi ; et *publication*, le mode qui devait être employé pour faire parvenir la loi à la connaissance de tous les citoyens.

Cette distinction entre la promulgation et la publication des lois cessa avec la constitution de 1791. C'est ce

1 PROMULGATION. *Publication des lois faite avec les formalités requises.* (*Dictionn. de l'Académie.*)

que prouve l'article 9 de la loi du 14 frimaire an 2, dans lequel on trouve encore ces deux mots confondus et identifiés.

Mais elle fut rétablie par la constitution du 5 fructidor an 3. Voyez les articles 128, 129 et 130 de cette constitution; vous y remarquerez qu'elle mettait, entre la *promulgation* et la *publication*, la même différence qu'entre la cause et l'effet, et qu'elle appelait promulgation l'acte par lequel le directoire ordonnait la publication d'une loi.

La constitution du 22 frimaire an 8 attache la même idée au mot *promulgation*. « Le premier consul (dit-elle, art. 41) *promulgue* la loi, etc. »

Le sénatus-consulte du 28 floréal an 12 dit la même chose de son empereur.

Enfin, la charte de 1814 dit aussi que « le Roi seul promulgue les lois ; » et la formule exécutoire qui les termine, enjoint aux autorités de les faire publier : preuve évidente que la *publica-*

tion ne doit pas être confondue avec la *promulgation.*

L'article 37 de la constitution du 22 frimaire an 8 portait que : « tout décret du corps législatif, le *dixième* jour après son émission, est promulgué par le premier consul, à moins que, dans ce délai, il n'y ait recours au sénat pour cause d'inconstitutionnalité. »

La nouvelle charte ne fixe pas de délai pour la promulgation, et il résulte de l'ordonnance du 27 novembre 1816, que cette promulgation peut être pressée ou ralentie au gré du gouvernement, seul juge, en pareil cas, de l'urgence ou de l'ajournement de la promulgation.

On ne voit rien non plus dans l'ordre actuel des choses qui remplace ce recours à une autorité quelconque, pour cause d'inconstitutionnalité.

Qu'arriverait-il cependant si le garde des sceaux refusait de sceller une loi, sous prétexte qu'elle serait inconstitutionnelle ? Il est clair que, par ce refus, la promulgation de la loi se trouverait arrêtée.

L'histoire offre quelques exemples d'une pareille résistance [1].

Ils semblent même avoir été autorisés par nos rois, ainsi que nous l'avons remarqué.

Au surplus, la difficulté ne s'est pas encore présentée [2].

Il est évident que la promulgation d'un acte ne lui attribue force d'exécution qu'autant que cet acte a par lui-même le caractère légal. Ainsi le seul fait de la promulgation de lois abrogées ne peut pas leur rendre la vie [3].

1 Voyez *Maxim. du dr. public fr.* tom. 2, chap. 6, pag. 378-400.

2 Voyez toutefois la loi du 14 sept. 1791, tit. 3, chap. 3, sect. 2, art. 10; et ci-après sous le parag. où nous traitons de l'interprétation des lois, ce qui doit arriver en cas de conflit entre la charte et les lois ou ordonnances qu'on prétendrait lui être contraires.

3 *Coll. de lois et ordonn.* par Isambert, vol. de 1820, préf. pag. 3 et 5.

Promulgations ecclésiastiques.

Qui n'a ouï parler des *entreprises* de la cour de Rome et *des libertés* de l'Eglise gallicane ?

Si toutes les bulles que Rome a *fulminées* avaient été reçues en France indistinctement et sans examen, le royaume eût été bouleversé.

La sagesse de nos pères y a pourvu. En France, c'est *une des plus anciennes maximes de l'État et de l'Église* : « qu'aucune bulle, bref, rescrit, décret, ni autres expéditions de la cour de Rome ne peuvent être reçus, publiés, imprimés ni autrement mis à exécution sans l'autorisation du gouvernement [1]. »

Vainement quelques ultramontains ont prétendu que, pour qu'une bulle fût exécutoire dans tous les états catholiques, il suffisait qu'elle eût été publiée

[1] *Libertés de l'église gall.* art. XLIV ; loi du 18 germ. an 10, art. 1er. dans ma seconde édit. pag. 152 et suiv.

à Rome. Cette opinion a toujours été repoussée en France [1], et nos recueils anciens et modernes sont remplis d'exemples du soin et quelquefois de la sévérité avec lesquels on a fait respecter cet article de nos libertés [2].

Lois en matière de religion.

J'ajouterai une observation particulière sur les lois en matière de religion.

[1] Dupuy, sur l'art. 17 des *Lib. de l'égl. gall.* pag. 71 et 72, de l'édit. donnée par Lenglet-Dufresnoy, en 1715.

[2] Voyez notamment ce qui se passa pour l'enregistrement des bulles du cardinal Barbérin, où le roi était appelé *roi de France* et non *roi de Navarre*, dans le livre intitulé, *Maxim. du dr. pub. fr.* tom. 1er. pag. 183 ; Durand de Maillanne, *Lib. gall.* tom. 1er. pag. 121 et 127, édit. de 1771, et l'explication de cette omission dans le livre de M. Grégoire, snr les *Libertés de l'égl.* pag. 77. Voyez aussi sur cette matiéré la *déclaration* du 8 mars 1772; les *procès verbaux* du clergé, tom. 8, pag. 858 et 880, et les *mémoires du clergé*, à la table, au mot *Bulle*, §. 2.

Malheur aux peuples et aux religions elles-mêmes [1], si le législateur s'en mêle pour commander ou défendre des croyances ! Il ne doit s'en occuper que pour proclamer *la liberté de conscience* et prévenir dans l'ordre temporel les scandales et les troubles religieux. Là se borne son ministère comme protecteur de la société civile. Cette vérité est connue du Nouveau-Monde, elle mérite d'être répétée à l'Ancien. J'emprunterai pour cela l'organe de l'homme qui, jusqu'à présent, a stipulé de la manière la plus désintéressée pour le genre humain; Bolivar, dans le discours qu'il a prononcé en présentant la Constitution de Bolivia, s'est expliqué en ses termes :

« Dans une constitution politique, on ne devrait prescrire ni croyance ni profession de foi religieuse ; la religion appartient tout entière à la morale. Elle

[1] « Quand les rois se mêlent de la religion, » au lieu de la protéger, ils la mettent en ser- » vitude. » Discours de Fénélon au fils de Jacques II.

gouverne l'homme dans son intérieur, dans le cabinet ; elle a le siége de son empire dans son cœur ; elle seule a le droit de demander des comptes à la conscience ; *les lois*, au contraire, se *bornent aux choses extérieures;* elles se tiennent pour ainsi dire *aux portes et hors la maison des citoyens.*

» Toute loi civile sur la religion en ébranle les fondemens ; car, en imposant un devoir comme *nécessité*, la loi fait *disparaître le mérite de la foi*, qui est *la base* de la religion. »

§. XVI.

Exécution des lois[1].

In legibus salus.

« L'inexécution des lois ayant toujours été la ruine des empires ; et, au

1 Voyez mon plaidoyer pour Isambert, et l'arrêt de la cour royale de Paris, du 18 août 1826, chambres réunies sur la dénonciation de M. le comte de Montlosier.

contraire, l'observation d'icelles, leur grandeur, nous fait appréhender l'une et souhaiter l'autre. » Ce sônt les propres termes de Louis XIII, dans sa déclaration du 16 mars 1617 [1].

Aussi Montesquieu, voulant louer Charlemagne, dit de lui : « Charlemagne » fit d'admirables règlemens; il fit *plus* [2], » il les fit exécuter. »

En effet, à quoi servent à un peuple les plus belles lois du monde, si les dépositaires du pouvoir négligent d'en procurer la fidèle exécution ? Elles se réduisent alors à de vaines sentences, pareilles à celles qu'on peut lire dans les écrits des philosophes; mais au fond, elles ne sont d'aucune utilité à la so-

[1] Il est dommage que cette déclaration fût donnée pour la *confiscation* des biens des ducs de Nevers, de Vendôme, etc. *Rec. de pièces* concernant l'hitoire de Louis XIII, tom. 2, pag. 76.

[2] *Esprit des lois*, liv. 31, chap. 18. Voyez le capitulaire de l'an 803, au titre *de illis qui legem servare contemnunt*.

ciété : *sunt verba et voces; prætereà-que nihil.*

Les lois doivent être délibérées avec maturité, et votées avec une entière indépendance ; mais elles veulent être exécutées avec fermeté : on peut dire d'elles comme des contrats : *sunt ab initio voluntatis, ex post facto necessitatis.* La liberté n'existe qu'à l'ombre des lois [1]. Le pouvoir lui-même n'est en sûreté que par l'exacte obéissance dont chacun fait profession à leur égard ; et l'anarchie, avant-coureur du despotisme et de la ruine des empires, existe là où les lois cessent de régner sur les hommes, et où les hommes se font les tyrans des lois [2].

Les lois ne sont pas seulement une arme dans les mains du pouvoir contre les citoyens qui voudraient les enfreindre, et se soustraire au lien d'une soumission légitime; elles sont aussi un bou-

1 Préambule de la loi du 21 oct. 1789.

2 Huitième lettre de Platon à Denis le tyran.

clier placé au devant des citoyens contre les coups de l'arbitraire.

Elles obligent les fonctionnaires publics dont elles fondent l'autorité, aussi-bien que les citoyens auxquels elles imposent la nécessité de l'obéissance.

Elles lient le prince aussi-bien que le sujet ; et j'éprouve un véritable plaisir à accumuler les autorités sur ce point, à une époque où le pouvoir absolu trouve autant d'absurdes apologistes, que les gouvernemens constitutionnels rencontrent d'injustes détracteurs.

Saint Ambroise écrivait à Valentinien : L'empereur porte des lois qu'il est lui-même tenu d'observer [1].

Tu es lié par tes propres lois, disait à un autre prince Isidore d'Espagne [2].

Un roi goth, interrogé par un juge qui le consultait sur une affaire judiciaire, lui répondit en ces termes, que pourrait envier la plus haute civilisa-

[1] *Leges imperator fert, quas princeps ipse custodit. Epist.* 21, nº. 9.

[2] *Teneris enim tu tuis legibus.*

tion : « La volonté royale est écrite dans les lois; sachez vous y conformer, et c'est ainsi que vous remplirez nos intentions [1]. »

Cependant Tribonien ne craignit pas d'insérer dans le code de Justinien, que le prince était affranchi des lois : *Princeps solutus est legibus* : détestable maxime qui devait rester aux sultans, et que les meilleurs empereurs ont eux-mêmes repoussée.

Pline dit à Trajan (et pourtant dans un panégyrique!) : le prince n'est pas au-dessus des lois, mais les lois sont au-dessus du prince : *non est princeps supra leges, sed leges supra principem.* Et s'il le loue, c'est en effet de s'y être soumis, *ipse te legibus subjecisti.*

Écoutons Théodose et Valence proclamer qu'il est digne de la majesté du

1 *Voluntatem regiam in legibus habes : illis obtempera, et nostra cognosceris adimplere mandata.* Cassiod. *Variar. lect. lib.*7, n°. 2. *Formula præsidatûs.*

prince d'avouer que sa puissance est enchaînée par celle des lois, parce qu'il ne doit jamais perdre de vue que *de l'autorité des lois dépend la sienne propre* [1].

C'est aussi l'instruction que donne aux souverains Rathier, évêque de Vérone, qui vivait dans le dixième siècle. Il est juste, dit-il, que vous obéissiez aux lois. Les hommes ne pourront s'empêcher de respecter vos ordonnances, si vous les respectez personnellement : ils les mépriseront, si vous paraissez vous jouer de leurs dispositions. Mais comment pourraient-ils s'empêcher d'obéir à votre voix, si ce que vous leur défendez, vous vous l'interdisez à vous-même [2] ?

1 *Digna vox est majestate regnantis legibus alligatum se principem profiteri.* Adeò de auctoritate juris nostra pendet auctoritas : *et reverà majus imperio est legibus summittere principatum.* L. 4, cod. *de legibus.*

2 *Justum est legibus te obtemperare debere. Tecum enim jura tua ab hominibus custodienda scias, et si tu illis reverentiam præbeas. Teneris*

Quelques écrivains ont voulu introduire en France une maxime analogue à celle de Tribonien. *Si veut le roi, si veut la loi*, ont-ils dit, en y attachant ce sens, que toute volonté du roi devait être reçue et obéie comme une loi.

> Bientôt ils vous diront que les plus saintes lois,
> Maîtresses du vil peuple, obéissent aux rois.

Si tel est le sens de cet adage, il faut le rejeter absolument comme faux : il est contraire aux mœurs de la nation; il répugne à la nature de son gouvernement qui a toujours été une *monarchie tempérée par les lois*.

Loysel est le premier qui ait rapporté cette prétendue règle dont il ne cite aucun garant. Il n'y joint lui-même aucune explication, et dès lors il est per-

enim tu, ut dicit Isidorus, tuis legibus, nec ipse damnare contrà hæc faciendo, tua debes jura quæ in subjectis constituis. Justa est enim vocis tuæ auctoritas, si quod prohibes populis, tibi licere non patiaris. Amplissima collectio monumentorum, tom. IX, coll. 912.

mis d'y attacher le sens le plus raisonnable, celui qu'y a donné Delaunay, l'un de ses commentateurs, en disant qu'il fallait entendre cette règle en ce sens que *la loi est la volonté du roi, et non pas que la volonté du roi soit une loi* : à moins encore que par la volonté du roi on n'entende comme l'expliquent les auteurs du livre intitulé, *Maximes du droit public français*[1] : « Sa volonté en tant que législative, » c'est-à-dire, avec l'appareil, la gravité » et la certitude de la législation. » Ce qui comporte l'observation exacte de toutes les formes constitutionnelles.

Cette interprétation peut être soutenue par ce que disait le chancelier de l'Hospital au lit de justice tenu à Bordeaux, le 11 avril 1564 : « Le roi ne veut rien contre les lois et ordonnances du royaume[2]. »

C'est aussi à cela que certains empe-

[1] Tom. 1, pag. 189.

[2] *Cérémonial français*, tom. 2, pag. 580.

reurs romains, plus sages que Tribonien, réduisaient leur pouvoir : nous voulons ce que veulent les lois, *nos enim volumus obtinere quod nostræ leges volunt* [1].

Et les empereurs français de la première race n'en avaient pas une autre idée : témoin ce capitulaire de Pépin de l'an 793 [2] : « La volonté du roi est que » la loi de chacun soit pleinement ob- » servée à son égard ; et si l'on commet » quelqu'acte au préjudice de quelqu'un » contre le texte et le vœu de la loi, » *ce n'est pas la volonté du roi*, et » l'ordre qui serait donné n'est point » obligatoire. »

J'aime à citer à ce sujet l'autorité de Louis XI, non qu'il soit compté au rang

[1] *Novelle* 82, cap. 13.

[2] *Baluse*, tom. 1er. pag. 542.

. . . . *Multi se complangunt legem non habere conservatam ; et quia omninò* voluntas domini regis *est ut unusquisque homo suam legem pleniter habeat conservatam. Et si alicui contrà legem factum est*, non est voluntas sua, *nec jussio.*

de nos bons hommes de rois, mais précisément parce qu'il est mort en odeur de tyrannie. Laissons donc de côté certaines actions de sa vie, et voyons ce qu'il écrivait dans le livre qu'il a composé pour son fils (Charles VIII) et auquel il a donné le titre bizarre de *Rozier des guerres*. A la page 14, intitulée *de justice*, il s'exprime en ces termes :

« Quand les roys ou les princes *ne ont regard à la loy*, ils ostent au peuple ce qu'ils deûssent laisser, et ne leur baillent pas ce qu'ils dûssent avoir; et en ce faisant, ils font leur peuple serf, et perdent le nom de roy : car nul ne doist être regardé roy fors celui qui règne et seugneurist sur les francs; car les francs de nature ayment leurs seigneurs, mais les serfs naturellement les héent, comme les esclaves leurs maîtres.... »

« Telle est la puissance des lois! on ne les viole jamais impunément : jamais les rois n'ont étendu leur autorité au mépris d'elles, qu'ils n'aient diminué leur empire sur les cœurs[1]. »

Le chancelier Séguier se montrait donc sujet fidèle autant que magistrat courageux, lorsque résistant à un ordre arbitraire de Mazarin, qui voulait qu'on remît en jugement une seconde fois, pour la même action, un homme qui venait d'être acquitté, il disait à la reine-mère : « Madame, cela est impossible; *la loi ne le permet pas*; et si on interrompt une fois le cours de la loi, ni la loi salique, ni la succession de vos enfans ne seront en sûreté; en un mot, il ne restera plus rien en France sur quoi on puisse faire fond[2]. »

Aussi tous nos rois, à leur sacre, jurent de *gouverner selon les lois*[3], ce

[1] M. Henrion, *Éloge de Mathieu Molé*, p. 93.

[2] *Histoire des chanceliers*, par Godefroy, p. 122.

[3] Sans cela, ils ne pourraient pas gouverner avec justice; car « la justice n'est elle-même que l'exécution de la loi. » Avis du conseil d'état du 17 décembre 1823.

qui emporte évidemment l'obligation de s'y soumettre et d'y conformer sincèrement leurs actions[1].

En même temps donc qu'ils doivent maintenir et défendre leur prérogative, ils doivent réprimer avec soin l'ambition des ministres, qui, sous le nom du prince, cherchent toujours à étendre au delà des lois le pouvoir dont il leur confie l'exercice.

Ils doivent ne point faire injustice ni violence à leurs sujets, protéger les personnes, respecter les propriétés, avoir soin de payer leurs dettes, exécuter fidèlement leurs contrats, se soumettre aux magistrats pour le jugement de leurs procès, quand ils plaident contre leurs sujets, et ne pas fatiguer leurs adversaires par trop de délais, ni influencer les juges par des recommandations, des menaces, ou des honneurs qui ne sont dus qu'aux services publics

[1] Voyez ci-après, sous le §. 22, une belle réponse de Charles X.

et non aux services rendus à la cassette.

Il y a cependant une espèce de lois dont il faut reconnaître que les rois sont affranchis ; ce sont les lois *pénales*. En ce sens, *Princeps solutus est legibus* [1]. La présomption légale est que *le roi ne peut pas mal faire* : par cette raison sans doute, *sa personne est inviolable et sacrée*; et toute la *responsabilité* est déversée sur les ministres qui sont chargés de l'administration, et qui en répondent à la nation.

§. XVII.

EFFETS DES LOIS.

L'office de la loi est en général de commander, de défendre, de permettre, de punir [2].

Tout ce qui n'est pas défendu par elle, est permis, c'est-à-dire peut se faire impunément ; mais il n'en faut pas con-

1 *Comes juridicus*, de M. Jacquinot, V°. Lex.
2 L. 7, ff. *de legibus*.

clure que tout ce qui peut se faire impunément soit honnête[1]. Les lois de la conscience vont plus loin que le code pénal.

La loi est la même pour tous : en d'autres termes, tous les citoyens sont égaux devant la loi, quels que soient d'ailleurs leurs titres et leurs rangs. (Charte, art. 1er.)

On doit encore assigner aux lois les caractères suivans :

Les lois de police et de sûreté obligent tous ceux qui habitent le territoire.

Les immeubles, même ceux possédés par des étrangers, sont régis par la loi française.

Les lois concernant l'état et la capacité des personnes régissent les Français, même résidant en pays étranger.

Enfin, la loi ne dispose que pour l'avenir, elle n'a point d'effet rétroactif; mais ceci mérite d'être développé dans un paragraphe particulier.

[1] *Non omne quod licet honestum est.* Loi 144, ff. *de regulis juris*

§. XVIII.

DE LA RÉTROACTIVITÉ DES LOIS.

« Après avoir fixé l'époque à laquelle les lois deviennent exécutoires, nous nous sommes (dit M. Portalis) occupés des effets.

» C'est un principe général que les lois n'ont point d'*effet rétroactif*.

» A l'exemple de toutes nos assemblées nationales, nous avons proclamé ce principe.

» Il est des vérités utiles qu'il ne suffit pas de publier une fois, mais qu'il faut publier toujours, et qui doivent sans cesse frapper l'oreille du magistrat, du juge, du législateur, parce qu'elles doivent constamment être présentes à leur esprit.

» L'office des lois est de régler l'avenir; le passé n'est plus en leur pouvoir.

» Partout où la rétroactivité des lois

serait admise, non-seulement la sûreté n'existerait plus, mais son ombre même.

» La loi naturelle n'est limitée ni par le temps, ni par les lieux, parce qu'elle est de tous les pays et de tous les siècles.

» Mais les lois positives, qui sont l'ouvrage des hommes, n'existent pour nous que quand on les promulgue, et elles ne peuvent avoir d'effet que quand elles existent.

» *La liberté civile consiste dans le droit de faire ce que la loi ne prohibe pas.* On regarde comme *permis tout ce qui n'est pas défendu.*

» Que deviendrait donc la liberté civile, si le citoyen pouvait craindre qu'après coup il serait exposé au danger d'être recherché dans ses actions, ou troublé dans ses *droits acquis* par une loi postérieure?

» Ne confondons pas les jugemens avec les lois. Il est de la nature des jugemens de régler le passé, parce qu'ils ne peuvent intervenir que sur des actions ouvertes et sur des faits auxquels ils appliquent les lois existantes; mais le passé ne saurait être du domaine des lois nouvelles qui ne le régissaient pas.

» Le pouvoir législatif est la toute-puissance humaine.

» La loi établit, conserve, change, modifie, perfectionne; elle détruit ce qui est; elle crée ce qui n'est pas encore. La tête d'un grand législateur est une espèce d'Olympe d'où partent ces idées vastes, ces conceptions heureuses qui président au bonheur des hommes et à la destinée des empires; mais le pouvoir de la loi ne peut s'étendre sur des choses qui ne sont plus, et qui, par cela même, sont hors de son pouvoir.

» L'homme qui n'occupe qu'un point dans le temps comme dans l'espace, serait un être bien malheureux, s'il ne pouvait pas se croire en sûreté, même pour sa vie passée. Pour cette portion de son existence, n'a-t-il pas déjà porté tout le poids de sa destinée? Le passé peut laisser des regrets; mais il termine toutes les incertitudes. Dans l'ordre de la nature, il n'y a d'incertain que l'avenir, et encore l'incertitude est alors adoucie par l'espérance, cette compagne fidèle de notre faiblesse. Ce serait empirer la triste condition de l'humanité, que de vouloir changer, par le système de la législation, le système de la nature, et de chercher, pour un temps qui n'est plus, à faire revivre nos craintes sans pouvoir nous rendre nos espérances.

» Loin de nous l'idée de ces *lois à deux faces* qui, ayant sans cesse un œil sur le passé et l'autre sur l'avenir, dessécheraient la source de la confiance, et deviendraient un principe éternel d'injustice, de bouleversement et de désordre.

» Pourquoi, dira-t-on, laisser impunis des abus qui existaient avant la loi que l'on promulgue pour les réprimer? Parce qu'il ne faut pas que le remède soit pire que le mal. *Toute loi naît d'un abus* : il n'y aurait donc point de loi qui ne dût être rétroactive. Il ne faut point exiger que les hommes soient avant la loi ce qu'ils ne peuvent devenir que par elle. »

La convention avait, par ses lois des 5 brumaire et 17 nivôse an 2, fait remonter jusqu'au 14 juillet 1789 l'égalité absolue des partages entre tous les co-successibles. Cette disposition étrange jeta le trouble dans un grand nombre de familles; elle excita des réclamations générales; et la convention elle-même, d'abord amenée à suspendre l'effet de ces lois par un décret du 5 floréal an 3, ne tarda pas à les déclarer non avenues par celui du 9 fructidor suivant. Et pour que ce décret lui-même ne rétroagît pas d'une manière injuste, on rendit, le 3 vendémiaire an 4, une loi dont l'article premier consacra « tous les droits acquis de bonne foi, soit à des tiers possesseurs, soit à des créanciers hypothécaires ou autres, ayant une date certaine, antérieure à la promulgation de la loi du 5 floréal an 3. »

Comme il importait qu'à l'avenir le

principe ne fût plus méconnu, dans la déclaration des droits de l'homme et du citoyen, qu'elle plaça en tête de la constitution de l'an III, elle déclara formellement, art. 14, « qu'aucune loi, ni » criminelle[1], ni civile, ne peut avoir » d'effet rétroactif. »

Le code civil reproduit la même disposition : « La loi ne dispose que » pour l'avenir ; elle n'a point d'effet ré- » troactif. »

Les lois romaines n'avaient garde d'omettre ce principe tutélaire. *Leges et constitutiones futuris certum est dare formam negotiis, non ad facta præter-*

[1] Déjà l'assemblée constituante avait érigé en maxime, « que nul ne peut être puni qu'en vertu d'une loi établie et promulguée antérieurement au délit, et légalement appliquée. » *Adde* décret du 20 août 1789, art. 8; code du 3 brumaire an 4, art. 3; décret du 15 messidor an 13, art. 109, relatif à la ci-devant Ligurie ; code d'instruction crim. art. 299, 1°. art. 363 et 369 ; code pén. de 1810, art. 4.

ita revocari, dit la loi 7 au Code *de legibus*. Mais la même loi reconnaît qu'il peut y avoir des exceptions à ce principe, car elle ajoute : *Nisi nominatìm et de prœterito tempore et adhuc pendentibus*[1] *negotiis cautum sit.*

Les lois déclaratives sont dans ce cas.

En effet, il n'en est pas de l'interprétation de la loi comme de la loi elle-même. La loi ne peut pas rétroagir sur le passé; mais l'interprétation de la loi ayant uniquement pour objet de déclarer que la loi a toujours dû être entendue dans un tel sens, et être exécutée de telle manière, il est évident qu'elle doit, par cela seul, régler tous les droits non irrévocablement acquis à l'époque où elle vient à paraître.

Gayl, dans ses *Observationes practicœ*, liv, II, observ. 9, n°. 6, dit que, *constitutio, quandò juris antiqui declaratoria est, concernit etiàm prœter-*

[1] *Id est, nondùm transactis, seu judicatis.* Voy. la note suiv.

ita. La raison en est (ajoute-t-il, d'après la loi 21, §. 1, ff. *qui test. fac. poss.*) que ce n'est pas, à proprement parler, faire une nouvelle disposition, que d'expliquer une disposition déjà faite : *Et est ratio quòd is qui declarat nil novi dat.*

J. Voët, dans ses Pandectes, titre *de legibus*, n°. 17, professe la même doctrine. *Ad præterita legem trahendam ratio dictat, quotiès non tàm novi quid lege novâ injungitur, quàm potiùs dubiæ legis anterioris interpretatio fit.*

Et voilà pourquoi Justinien, dans la Novelle 19, déclare que les interprétations contenues dans la 12e., sur les effets de la légitimation, doivent servir de règle, même pour les successions ouvertes antérieurement à cette dernière loi, pourvu qu'il n'en ait pas été autrement disposé par transaction ou par sentence passée en force de chose jugée. *Exceptis illis negotiis quæ contigit antè leges à nobis positas aut decreto judicum aut transactione determinari* [1].

Cette exception pour le cas où la loi interprétative aurait été précédée d'une transaction ou d'un jugement passé en force de chose jugée, se trouve encore consacrée par un arrêt de cassation du 13 brumaire an IX, cité dans le Dictionnaire des Arrêts modernes, au mot *Effet rétroactif*, n°. 2, et par une décision du ministre des finances du 5 juillet 1808. — Si l'on demandait la raison de cette exception, nous répondrions : C'est qu'il faut que tout se termine, s'arrête ; c'est que ce n'est pas seulement sur ce qui est jugé, c'est en-

[1] L'art 12 de la loi du 28 août 1792 fait une violence ouverte au principe qui prescrit le respect pour la *chose jugée*. Mais c'est par la présomption que la chose n'avait été jugée en faveur des seigneurs, que *par abus de la puissance féodale*.

L'édit de Louis XIV, de 1667, avait été encore plus loin.

Ces lois ont une force *rescisoire*.

core sur ce qui est fini que la société repose.

Bacon explique très-bien pourquoi les lois déclaratives régissent même le passé, sans qu'on puisse leur reprocher d'être rétroactives ; c'est, dit-il, parce qu'elles sont, en quelque sorte, contemporaines de la loi interprétée, à laquelle elles se rattachent par le fait même de l'interprétation [1].

Ce que Bacon dit des lois interprétatives, il le dit de celles qu'il nomme confirmatives, qui ont pour objet de roborer et de confirmer les actes antérieurs. Ces lois ne sont pas, à proprement parler, rétroactives, car le vice caractéristique d'une loi rétroactive est de jeter le trouble dans les affaires, et d'intervertir les droits acquis, tandis que les

[1] *Lex declaratoria omnis, licet non habeat verba de prœterito, tamen ad prœterita ipsâ vi declarationis omninò trahitur. Non enim tùm incipit interpretatio cùm declaratur, sed efficitur* tanquàm contemporanea *ipsi legi.* (*De Retrospectione legum*, aphor. 51.)

lois confirmatives ont pour objet la pacification et l'affermissement du passé. (*Aphor.* 49.)

On peut donner pour exemple de ces sortes de lois, celle du 26 germinal an XI, et l'avis du conseil d'état du 11 prairial an XII, lequel porte que « les émigrés ou absens ne peuvent attaquer les actes de divorce faits pendant leur disparition; que les actions qu'ils intenteraient seraient également contraires au texte et à l'esprit des lois antérieures; qu'elles tendraient *à perpétuer une agitation et des souvenirs qu'il faut, au contraire, éteindre le plus tôt possible;* que les émigrés ne peuvent examiner que le point de fait, s'il existe un acte de divorce revêtu de sa forme extérieure et matérielle; mais qu'ils ne peuvent jamais être autorisés à remettre en question l'affaire et à discuter la cause du divorce. »

Telle est encore la loi du 5 décembre 1814, dont l'art. 1er. porte : « Sont maintenus et sortiront leur plein et entier effet, soit envers l'état, soit envers les tiers, tous jugemens et décisions rendus, tous actes passés, *tous droits acquis* avant la publication de la charte constitutionnelle, et qui seraient fondés sur des lois ou des actes du gouvernement relatifs à l'émigration. » Cette loi se reporte évidemment au passé, non pour le troubler, *non ut perturbet*; mais pour le consolider, *ad pacem et stabilimentum eorum quæ transacta sunt*, comme le dit Bacon, *aphor.* 49.

Les lois ont un effet rétroactif proprement dit, toutes les fois que le législateur, même en établissant un droit nouveau, a imprimé à la loi une force rétroactive. Le plus souvent, ce retour sur le passé est une source d'injustices. Cependant il peut arriver qu'une telle disposition soit fondée sur des raisons d'intérêt général et même d'équité : on peut citer pour exemple la loi du 25 messidor an III, qui, en suspendant les remboursemens en assignats, a déclaré que cette suspension aurait lieu *hic et nunc*, à compter du jour même où la loi avait été rendue, et non du jour de la promulgation qui en serait faite. Cette précaution était nécessaire pour empêcher que, dans l'intervalle, les débiteurs de mauvaise foi ne précipitassent les remboursemens de manière à consommer la ruine de leurs malheureux créanciers.

Quoi qu'il en soit, dans les cas même les plus favorables, disons encore, avec l'arrêt de cassation du 22 avril 1806, rendu précisément au sujet de la loi précitée, que, « la rétroactivité des lois étant contre le droit commun, en renversant les droits acquis, ne doit au moins être appliquée que dans les cas où la loi l'a établie d'une manière bien positive. »

Cette doctrine est aussi celle du Montesquieu anglais, qu'on me pardonnera, sans doute, de citer si souvent. On ne doit jamais (dit-il, en parlant des lois rétroactives), on ne doit jamais porter de telles lois que dans des occasions rares, où elles sont réellement nécessaires, où la rétroaction en soi n'a rien d'injuste ; et, même en ce cas, il faut n'agir qu'avec de grands ménagemens, car *Janus n'est pas le dieu des lois*[1].

Un de ces cas favorables où la loi peut rétroagir sans injustice, est, sans contredit, celui où une loi nouvelle punit un crime ou un délit, d'une peine moins forte que celle qui étoit infligée à ce même crime ou délit par les lois antérieures. Dans ce cas, on doit appliquer la loi nouvelle de préférence à la loi ancienne. La raison en est que c'est pour l'avantage de l'accusé qu'il est défendu aux juges de faire rétroagir les lois pénales ; on ne peut donc pas faire tourner cette défense à son préjudice.

Voyez, à ce sujet, le Code pénal du

1 *Cujus generis leges rarò et magnâ cum cautione sunt adhibendæ ; neque enim placet Janus in legibus.* BACON, aphor. 47.

Itaque leges declaratorias ne ordinato, nisi in casibus ubi leges cum justitiâ retrospicere possint. Aphor. 51.

25 septembre 1791, article dernier; la loi du 25 frimaire an 8, articles 18 et 19; les arrêts de cassation des 25 et 26 floréal an 8, et 15 mars 1810; le décret du 23 juillet 1810, art. 6; l'avis du conseil d'état du 28 prairial an 8; l'arrêt de cassation des 9 et 15 juillet 1813, cité par M. Bourguignon sur l'article 4 du Code pénal, et l'excellent Traité de M. Legraverend, de la Législation criminelle en France, tome 2, p. 20, § 6, où il parle *de la non-rétroactivité des lois pénales* avec cette profondeur qui se fait remarquer dans tout son ouvrage.

Les lois d'amnistie sont nécessairement rétroactives, car on n'oublie que le passé; mais qui pourrait s'en plaindre?

Au sujet de la rétroactivité des lois, Domat [1] observe, avec raison, que si les lois arbitraires n'obligent et n'ont leur effet qu'après qu'elles ont été publiées, il n'en est pas de même des lois

[1] *Traité des lois*, chap. 11, n°. 47.

naturelles, qui ont leur effet indépendamment de toute publication, parce qu'elles sont, pour ainsi dire, innées.

De là il suit que les lois qui ne sont que déclaratives d'un principe du droit naturel, s'appliquent même au passé; car le droit naturel est imprescriptible: toute loi qui y porte atteinte, n'est pas, à proprement parler, une loi, c'est un abus. — L'auteur du *Nouveau Répertoire de Jurisprudence* emploie cet argument pour prouver que « l'assemblée constituante, a pu, sans rétroactivité, abolir la servitude personnelle, la main-morte et la féodalité. »

Le signe le moins équivoque de la rétroactivité d'une loi, est lorsqu'elle porte atteinte à des droits qui se trouvent acquis au jour de sa publication. Mais que doit-on entendre par droits acquis? Gluck, dans son Commentaire sur la *Jurisprudentia forensis* de Hellfeld, tome Ier. §. 21, donne à cet égard les notions suivantes : « Pour qu'un acte puisse être considéré comme passé, et que par-là il nous soit défendu de lui appliquer la loi nouvelle, il faut qu'il ne soit plus possible d'apporter un changement à cet acte, et de le modifier suivant la loi nouvelle, sans porter atteinte au droit légalement acquis par un tiers en vertu de cet acte. Par exemple, un noble m'a légué une terre pour en jouir après son décès; mais avant que l'héritier institué ait accepté la succession, une loi nouvelle vient d'être publiée, qui défend de faire passer les terres de cette espèce entre les mains des roturiers. On demande si la loi nouvelle est applicable au legs dont il s'agit? Je crois que non. Par le décès du testateur, qui a eu lieu avant la publication de la loi nouvelle, le testament du défunt avait obtenu *toute sa perfection*, et j'avais acquis un droit sur l'immeuble; l'acte doit donc être considéré comme antérieur à la loi, car le droit que j'ai de réclamer la terre n'est plus subordonné qu'à l'acceptation de la succession, et la loi nouvelle ne peut ni ne doit me priver de ce *droit acquis*. Il en serait autrement si la loi nouvelle avait été publiée avant le décès du testateur. » L'auteur ajoute qu'on ne doit pas appliquer la loi nouvelle aux actes antérieurs, quoique conditionnels [1].

Ce que Glück dit des actes qui, avant la loi nouvelle, ont reçu *toute leur perfection*, il faut le dire pareillement des jugemens qui ont acquis *la force de chose jugée* avant la loi qui a introduit un droit nouveau.

Les nombreux changemens qui sont intervenus dans la législation, ont fait naître une foule de questions qu'on a nommées *transitoires*, parce qu'elles sont nées du passage d'une législation à une autre. M Chabot de l'Allier a eu l'heureuse idée de les réunir dans un ouvrage auquel il a donné ce titre.

[1] Cela est tout simple, puisque « la condition accomplie a un effet rétroactif au jour du contrat. » *Cod. civ.* art. 1179.

Questions transitoires. On peut le consulter avec fruit.

On trouve encore plusieurs exemples de l'application de la doctrine sur les *droits acquis* dans les divers recueils d'arrêts.

§. XIX.

INTERPRÉTATION DES LOIS.

L'interprétation de la loi appartient naturellement au législateur [1].

Sous l'ancienne monarchie, nos rois se sont toujours réservé l'interprétation de leurs ordonnances.

Charlemagne ayant trouvé la loi des Lombards défectueuse en plusieurs points, la réforma en 801, et ajouta que, dans les choses douteuses, il voulait que les juges eussent recours à son autorité, sans qu'il leur fût permis de les décider suivant leur caprice.

[1] *Ejus est interpretari, cujus est condere.* L. 1, 9 et 12, C. *de legibus.*

Il paraît qu'avec le temps les juges s'étaient dispensés de ce soin, et qu'ils s'étaient attribué le droit d'interpréter les lois à leur guise. Du moins on peut le penser ainsi, à en juger par la manière dont le chancelier de L'Hôpital gourmandait le parlement de Rouen en 1563. « Voici une maison mal réglée, disait-il aux magistrats de cette cour. La première faute que je vous vois commettre, c'est de ne garder les ordonnances ; en quoi vous désobéissez au roi. Si vous avez des remontrances à lui faire, faites-les, et connaîtrez après sa dernière volonté. C'est votre faute aussi à vous, présidens et gens du roi, qui devez requérir l'observation des lois ; mais vous cuidez être plus sages que le roi, et estimez tant vos arrêts, que vous les mettez par-dessus les ordonnances, *que vous interprétez comme il vous plaît.* »

Pour réprimer cet abus, on inséra dans l'ordonnance de 1667 un article où l'on fait dire au roi : « N'entendons toutefois empêcher que si, par la suite du temps, usage et expérience, aucuns articles de la présente ordonnance se trouvaient contre l'utilité ou commodité publique, *ou être sujets à interprétation, déclaration ou modération*, nos cours ne puissent en tout temps nous représenter ce qu'elles jugeront à propos, sans que, sous ce prétexte, l'exécution en puisse être sursise. » *Titre* 1er. *article* 3.

L'article 7 ajoute : « Si dans les jugemens des procès qui seront pendans en nos cours de parlement et autres nos cours, il survient ancuns doute et difficulté sur l'exécution de quelques articles de nos ordonnances, édits, déclarations et lettres-patentes, *nous leur défendons de les interpréter*, mais voulons qu'en ce cas elles aient à se retirer par-devers nous, pour apprendre ce qui sera de notre intention. »

Dans un ouvrage célèbre par la vaste érudition et le noble caractère qu'y déploient ses auteurs; « on ne craint

» pas de dire que cette disposition est » manifestement un acte du pouvoir » arbitraire. » (*Max. du droit public franç.*, tom. II, p. 315.)

Cette opinion est exagérée. C'est mal entendre l'ordonnance que de supposer qu'elle gêne en rien la liberté qu'ont naturellement les juges d'appliquer les lois aux affaires, selon le sens qui leur paraît le plus raisonnable.

On sent bien « qu'il est impossible de » rendre la justice et de remplir les » fonctions d'avocat, sans interpréter » les lois, sans chercher à découvrir » l'intention du législateur. » (*Ibid.*, p. 316.) Aussi ce n'est point ce que l'ordonnance a eu en vue de défendre; mais elle a voulu faire cesser l'abus résultant de ce que les cours transformaient quelquefois leurs arrêts en véritables lois, en *généralisant* leurs décisions sous une forme *réglémentaire*.

En cela l'ordonnance n'a fait que poser une juste limite entre l'autorité judiciaire et le pouvoir législatif.

Et la preuve que ce ne fut point un acte qu'on puisse imputer spécialement *au despotisme de Louis XIV* (comme le prétendent les auteurs que j'ai cités), c'est que les lois de la révolution qui, loin de favoriser le despotisme, n'ont pas même épargné la royauté, ont reproduit les mêmes défenses. Telle est la loi du 24 août 1790, dont l'*article* 2, *titre* 2, dit : « Les tribunaux ne pourront faire de règlemens ; mais ils s'adresseront au corps législatif toutes les fois qu'ils croiront nécessaire soit d'interpréter une loi, soit d'en faire une nouvelle. » La constitution de 1791, *tit.* 3, *chap.* 5, *art.* 2, dit la même chose ; et on retrouve une disposition semblable jusque dans la constitution de l'an 3.

On laisse donc aux juges l'interprétation de détail, puisqu'on ne leur interdit que l'*interprétation réglementaire.*

L'article 5 du projet de Code civil, le disait en termes fort clairs : « Il est défendu aux juges d'interpréter les lois *par voie de disposition générale et réglémentaire.* »

Mais dans la discussion de ce projet au conseil d'état, il s'est élevé des difficultés dont le procès-verbal nous offre, en ces termes, l'analyse et le résultat. « Le ministre de la justice, dit qu'il y a *deux* sortes d'interprétation; celle de *législation* et celle de *doctrine* : que cette dernière appartient essentiellement aux tribunaux; que la première est celle qui leur est interdite; que, lorsqu'il est défendu aux juges d'*interpréter*, il est évident que c'est d'une *interprétation législative* qu'il s'agit. Il cite l'article 7, du titre 1er., de l'ordonnance de 1667, qui défend aux juges d'*interpréter les ordonnances*. Il en conclut que le sens de ce mot étant fixé, il n'y a aucun inconvénient à l'employer. M. Tronchet dit que l'on a abusé, pour réduire les juges à un état purement passif, de la défense que leur avait faite l'assemblée constituante d'interpréter les lois et de réglémenter.

Cette défense n'avait pour objet que d'empêcher les tribunaux d'*exercer une partie du pouvoir législatif*, comme l'avaient fait les anciennes cours, en fixant le sens des lois par des *interprétations abstraites et générales*, ou en les suppléant par des arrêts de *règlement*. Mais pour éviter l'abus qu'on en a fait, il faut laisser au juge l'interprétation sans laquelle il ne peut exercer son ministère. En effet, les contestations civiles portent sur le sens différent que chacune des parties prête à la loi. Ce n'est donc pas par une loi nouvelle, mais par l'opinion du juge que la cause doit être décidée..... On craint que les juges n'abusent de ce principe pour juger contre le texte de la loi. S'ils se le permettaient, le tribunal de cassation anéantirait leurs jugemens. Au reste, pour ne pas laisser d'équivoque, on pourrait rédiger ainsi : « Il est défendu » aux tribunaux de prononcer *par voie* » *de disposition générale et réglementaire* sur les causes qui sont por-

» tées devant eux. » Et c'est dans ces termes qu'a été adopté l'article dont il s'agit.

Ajoutons que le Code pénal de 1810, art. 127, punit de la dégradation civique, comme coupable de forfaiture, tout officier de l'ordre judiciaire « qui se serait immiscé dans l'exercice du pouvoir législatif, soit par des *règlemens* contenant des dispositions législatives, soit en arrêtant ou en suspendant l'*exécution d'une loi*, soit en délibérant sur le point de savoir *si les lois seront publiées et exécutées.* »

La preuve, d'ailleurs, que la distinction dont nous venons de parler était parfaitement dans les intentions des rédacteurs du Code, c'est que dans le *Discours préliminaire* du projet, on lit ce qui suit :

« L'interprétation *par voie de doctrine* consiste à saisir le vrai sens des lois, à les appliquer avec discernement, et à les suppléer dans les cas qu'elles n'ont pas réglés. Sans cette interprétation pourrait-on concevoir la possibilité de remplir l'office de juge?

» L'interprétation *par voie d'autorité* consiste à résoudre les questions et les doutes, par voie de règlemens ou de dispositions générales; ce mode d'interprétation est le seul qui soit interdit aux juges. »

La différence entre ces deux espèces d'interprétation se trouve encore très-bien expliquée par VASQUEZ, célèbre jurisconsulte *espagnol*. Il réfute certain frère Alphonse (*frater Alfonsus*) qui refusait aux sujets toute interprétation quelconque de la loi, comme étant inférieurs au législateur. Vasquez se moque, et avec raison, de frère Alphonse. Il suivra de là, dit-il, que lorsqu'il se trouve une difficulté sur le droit divin ou le droit naturel, il faudrait, à l'exemple d'Icare s'adapter des ailes pour aller consulter le Très-Haut [1]. Re-

[1] *Alas nobis aptare necessè haberemus, in cœlum Dei optimi maximi consulendi gratiá evola-*

prenant son sérieux, il établit ensuite « que tout juge a nécessairement le droit et le pouvoir d'interpréter la loi pour la décision du procès pendant à son tribunal. Son interprétation, continue-t-il, diffère de celle du prince, en ce qu'il ne peut interpréter la loi que pour déterminer un procès particulier dont il est juge ; au lieu que l'interprétation du prince sera la règle de tous les jugemens. Les autres tribunaux ne sont pas obligés d'adopter l'interprétation faite dans un siége particulier, tandis qu'au contraire ils sont tenus de se conformer à celle du législateur. L'interprétation du souverain forme *une loi* proprement dite ; celle des tribunaux ne fournit que des *exemples* dont l'autorité ne s'étend pas au delà du procès particulier qu'ils ont décidé. »

Qu'arriverait-il cependant si, après une première cassation, une seconde

turi. VASQUIUS, *de Successionibus*, *tom*. II, *lib*. 1, *in præf*. n°. 48 *et seq*.

Cour avait jugé comme la première?

Dans ce cas, il est naturel de penser que cette contradiction ne provient que de ce que la loi est obscure.

Sans doute la Cour de cassation est composée d'un plus grand nombre de magistrats qu'aucun tribunal ; elle offre une réunion imposante d'hommes très-distingués par leur expérience et leurs lumières: mais la décision uniforme de plusieurs tribunaux indépendans les uns des autres; de magistrats qui, par leurs connaissances profondes et une longue habitude des affaires, ont aussi les plus justes droits à la confiance publique; cette décision, dis-je. n'est pas d'un moindre poids dans la balance de la justice.

Le partage d'opinions qui existe entre la Cour de cassation, d'un côté, et ces tribunaux de l'autre, étant un signe non équivoque de l'obscurité de la loi, il en résulte qu'il y a nécessité de l'interpréter.

A qui donc appartiendra cette interprétation ? — Nous l'avons déjà dit, au législateur.

Ainsi, sous l'ancienne monarchie, quand une loi était obscure, le roi donnait une *déclaration* du sens de la loi : mais cette déclaration devait, *comme la loi elle-même* qu'elle avait en vue d'interpréter, être soumise à la libre vérification des cours qui avaient l'enregistrement des lois.

Le décret du 24 août 1790, sur l'organisation judiciaire, en a une disposition formelle, titre 2, art. 12. Nous l'avons déjà rapportée.

La constitution de 1791, tit. 3, ch. 5, art. 21, n'était pas moins précise. « Lorsqu'après deux cassations (porte cet article), le jugement du troisième tribunal sera attaqué par les mêmes moyens que les deux premiers, la question ne pourra plus être agitée au tribunal de cassation sans avoir été soumise *au corps législatif*, qui portera un *décret déclaratoire de la loi*, auquel le tribunal de cassation sera tenu de se conformer. »

La constitution de l'an 3 a reproduit la même disposition, avec cette seule différence, que le *décret déclaratoire* devait être rendu après une première cassation, et avant le jugement du second pourvoi.

Napoléon a le premier porté atteinte à cette législation, en s'attribuant l'interprétation des lois par une de ces ruses législatives qui lui étaient familières.

Le 16 septembre 1807, il fait rendre un petit bout de loi portant, article premier : « Il y a lieu à interprétation de la loi si la cour de cassation annule deux arrêts ou jugemens en dernier ressort, rendus dans la même affaire, entre les mêmes parties, et qui ont été attaqués par les mêmes moyens. » Et article 2 : « Cette interprétation est donnée dans la forme des règlemens d'administration publique. » Or, cela veut dire, est donné par nous en conseil d'état. Ainsi, par une formule enveloppée, il se fait, en deux lignes, déléguer le pouvoir d'interpréter les lois, c'est-à-dire un pouvoir inhérent à la législature.

Ce n'est même pas tout, car par suite d'une déplorable condescendance pour ce pouvoir qui voulait toujours être absolu, la jurisprudence a reconnu ce droit d'interprétation donné au conseil d'état, avec tant de plénitude, que sur la question de savoir si les tribunaux pouvaient s'écarter de l'interprétation ainsi donnée, sous prétexte d'*inconstitutionnalité*, la Cour de cassation a jugé que NON, par arrêts du 1er. floréal an 10 et du 19 octobre 1808.

Cependant il paraît plus conforme au principe de dire que, dans le conflit possible entre une ordonnance ou acte quelconque de gouvernement, et la loi constitutionnelle de l'état, c'est celle-ci qui doit l'emporter.

Ce principe est si certain, et le court espace écoulé entre la promulgation de la Charte et les cent jours, l'avait tellement mis en évidence, qu'en dressant son acte additionnel aux constitutions de l'empire, Napoléon ne put s'empêcher d'y rendre hommage, en disant cette fois, article 58 : « Les interprétations des lois, demandées par la Cour » de cassation, seront données *dans la* » *forme d'une loi.* »

Peu de temps auparavant, une ordonnance royale du 16 septembre 1814[1], avait risqué l'expression d'*ordonnances contenant déclaration*. Mais il fut reconnu alors que l'interprétation des lois n'appartenait qu'*aux chambres et au roi* (Charte, art. 15); qu'en conséquence la loi du 16 septembre 1807 *n'était plus en harmonie avec la Charte* (art. 68). Une résolution de la chambre des pairs, en date du 11 octobre 1814, conforme à celle de la chambre des députés du 21 septembre, avait fixé de nouveau les vrais principes; elle portait que la déclaration interprétative de la loi, en cas

[1] Qui se trouve dans la collection d'Isambert, *Appendice*, 1822.

de recours en cassation, serait proposée, discutée, adoptée et promulguée *dans la forme ordinaire des lois* [1].

Mais dans sa séance du 27 novembre 1823, le conseil d'état, présidé par M. de Peyronnet, « FUT D'AVIS que la loi du 16 septembre 1807, relative à *l'interprétation des lois*, était *parfaitement compatible avec le régime constitutionnel établi par la Charte.* »

On s'est ainsi replacé de fait au même et semblable état que sous le régime constitutionnel de l'empire.

Cependant il suffit de lire le long préambule de cet avis du conseil d'état, pour voir à quel point il se contredit lui-même. Dans la première partie, on y revendique, dans toute sa plénitude, le droit d'interprétation; et dans la seconde on paraît ne plus faire de l'ordonnance interprétative une *règle générale*, mais seulement un *rescript* sur un cas *parti-*

[2] Voyez Isambert, vol. de 1823, pag. 352, nº. 9.

culier, qu'on ne pourra pas étendre à d'autres cas semblables, même sous prétexte d'analogie ! Alors on peut et l'on doit dire, que s'il n'y a pas là usurpation du pouvoir législatif, en ce sens qu'on ne fera pas une loi générale, il y a donc usurpation du pouvoir judiciaire, puisqu'on jugera le cas particulier. En effet, n'est-ce pas juger que de donner, sur une espèce particulière, une décision topique, à laquelle le jugement devra nécessairement se conformer ? Isambert va plus loin, et parlant de cette tournure donnée à la loi de 1807, il dit nettement dans sa note 10 au bas de la page 352 : « Elle transporte au gouvernement le pouvoir législatif et le pouvoir judiciaire. »

Et, à ce sujet, remarquons que le Code d'instruction criminelle porté en 1810, *adulto jàm imperio*, dit, article 440, en s'enveloppant toujours du même nuage d'expression : « Lorsqu'après une première cassation, le second arrêt ou jugement sur le fonds sera attaqué par les mêmes moyens, il sera procédé selon les formes prescrites par la loi du 16 septembre 1807.

Ainsi, suivant cette loi, interprétée elle-même au profit du conseil d'état, par l'avis du conseil d'état du 27 novembre 1823, ce sera le conseil d'état qui, en matière criminelle, lorsqu'il s'agira non plus seulement de la fortune et des biens, mais de la liberté, de la vie, de l'honneur d'un citoyen (et cela même en matière politique, car ce cas peut se présenter comme tout autre), statuera, non par voie de disposition générale et réglémentaire, mais spécialement sur le cas donné, et par conséquent sur la tête d'un citoyen!

Toutes ces incohérences n'ont point échappé à l'habile auteur des *Questions de droit administratif*; mais quoiqu'il n'ait pu se dissimuler ce qu'un tel ordre de choses avait d'abusif, il se résume en ces termes [1] : « D'après tous ces motifs,

[1] Au mot *Interprètation de la loi*, p. 251.

et *en principe*, je pense qu'on ne devrait pas déférer la consommation pleine et définitive du litige par voie d'interprétation doctrinale, soit aux cours royales, soit à la cour de cassation; qu'il y aurait lieu, dans le cas prévu de l'obscurité de la loi, à l'expliquer par voie d'*interprétation législative;* que cette interprétation ne devrait être donnée, ni par la cour de cassation, ni par la chambre des pairs, ni par le ministre de la justice, ni par le conseil d'état; *mais seulement par le roi et les deux chambres, dans la forme voulue pour la présentation et la confection des lois.* Toutefois, la loi du 16 septembre 1807, qui attribue spécialement au conseil d'état, dans le cas donné, l'interprétation de la loi, existe; et je n'en veux d'autre preuve que la résolution elle-même qui proposait de la changer: si donc cette loi existe, elle conserve, tant qu'elle ne sera pas rapportée dans les formes constitutionnelles, une force obligatoire, à laquelle ne peuvent se soustraire ni le gouvernement qui doit la faire exécuter, ni les citoyens qui doivent y obéir. »

Assurément, j'accorde et je répète le principe, qui veut qu'on obéisse aux lois existantes tant qu'elles ne sont pas légalement rapportées; mais franchement, M. de Cormenin, à la haute capacité de qui je rends d'ailleurs si volontiers hommage, ne commet-il pas ici une pétition de principe? Car la question est précisément de savoir si l'on peut regarder comme *loi* un acte devenu incompatible avec la *constitution?* Au lieu d'accorder l'exécution provisoire à l'acte inconstitutionnel, ne serait-il pas plus raisonnable, comme nous le dirons bientôt, de l'accorder à la constitution? Le fait, qu'on n'a pas abrogé textuellement la loi de 1807, empêche-t-il donc qu'elle ne soit abrogée implicitement par l'article 68 de la Charte de 1814? car cet article a eu précisément pour objet d'abroger d'une manière générale, et toute-puissante néanmoins, les lois qui ne seraient pas d'accord avec la Charte.

Quoi qu'il en soit, si, par le fait, et jusqu'à ce que le droit ait repris son empire et qu'on soit revenu à ce que M. de Cormenin appelle, avec nous, *le principe*, nous ne devons attendre d'interprétation que du conseil d'état; au moins est-il certain que ces interprétations devront être données avec l'espèce de solennité observée dans ce conseil pour les règlemens d'administration publique; et que les ministres, quoique chargés de faire exécuter les lois, n'ont pas le droit de les interpréter personnellement par simples circulaires, ni même par voie d'autorité. Il a toujours été de principe qu'une instruction ministérielle n'a aucune espèce d'autorité, de force obligatoire pour les tribunaux[1]

Ce principe n'était pas inconnu aux parlemens, témoin ce passage des remontrances adressées, le 28 juin 1754,

1 *Recueil des lois et ordonnances*, vol. de 1819, préf. pag. XXII. *Projet de constitut.* du 29 juin 1815, art. 92.

par le parlement d'Aix à Louis XV : « Lorsque votre chancelier parle avec la » raison et la loi et qu'il s'appuie encore » sur le Prince, tous ces témoignages se » certifient mutuellement, et forment un » corps d'autorité. Lorsqu'il parle *sans* » *loi*, il ne peut être garant, il est sans » garant lui-même. Lorsqu'il parle *contre* » *la raison et la loi*, la déclaration qu'il » fait au nom du Prince, bien loin de » fortifier le commandement, ne sert qu'à » le rendre plus suspect. La volonté qu'il » prétend avoir recueillie ne peut être » qu'une volonté supposée, ou une vo- » lonté momentanée, *qui ne suffit* » *point en France pour faire changer* » *la règle*, et qui est d'ailleurs mal cer- » tifiée [1]. »

Les bons chanceliers n'avaient pas besoin qu'on leur objectât ces règles ; ils savaient bien d'eux-mêmes s'y conformer. Ainsi le chancelier de L'Hôpital,

[1] *Remontrances du parlement* d'Aix, 28 juin 1754.

qui faisait la leçon au parlement de Rouen, la faisait également aux ministres, lorsqu'il disait : « J'ai cet honneur de lui être chef de justice (au roi); mais je serais bien marri de lui faire un interprétation de moi-même et de ma seule autorité. » (Discours précité.)

M. Lanjuinais parle de ces instructions et circulaires ministérielles avec la double autorité de pair de France et de jurisconsulte. « Les deux chambres, dit-il [1], doivent être attentives à exercer leur surveillance et sur ces instructions, et particulièrement sur les ordonnances de même nature. Il n'appartient qu'aux volontés qui font les lois d'en émettre des interprétations générales obligatoires : autrement le roi, ses ministres et leurs agens seraient des constitutions, des lois vivantes : il n'y aurait plus, à vrai dire, ni constitutions ni lois. On souffrit à Rome que les préteurs donnassent des édits pour sup-

[1] *Essai sur la Charte*, tom. Ier. pag 259

pléer au silence des lois et en fixer le sens, *adjuvandi vel supplendi juris civilis gratiâ;* bientôt ils s'arrogèrent effectivement et littéralement le droit de les *corriger.* »

Ceci tient à une question qu'il importe d'examiner en termes généraux : que décider, s'il se rencontre une loi qui soit en contradiction avec la Charte constitutionnelle? ou si l'on excipe d'une ordonnance contraire soit à la Charte, soit à toute autre loi?

En principe, la loi fondamentale tient toutes les autres lois sous sa dépendance. Aussi, l'article 68 de la Charte nous dit-il que les autres lois ne sont maintenues qu'autant que celles-ci ne lui seraient pas contraire. Dans le conflit entre ces lois et la Charte, c'est donc à la Charte, comme étant la mère de toutes des lois, la reine-loi, que l'on doit donner la préférence.

Cela est incontestable pour les lois *antérieures* à la Charte ; l'article 68 est précis sur ce point.

Quid juris si la contradiction résultait d'une loi qui lui fût *postérieure* ?

Que décider encore si la contrariété se trouvait établie entre la Charte et une simple ordonnance ? Louis XVIII, à la vérité, a bien recommandé à l'un de ses gardes des sceaux, en les lui remettant, « de ne s'en servir que pour » sceller des lois et actes conformes à la » Charte constitutionnelle ; » mais enfin si, par événement, un garde des sceaux, par trop de hardiesse ou simple inattention, scellait quelqu'acte qui ne fût pas de cette nature, devrait-on donner la préférence à cet acte irrégulier sur la loi fondamentale ?

La constitution de l'an 8 avait indiqué le moyen de sortir d'embarras, en autorisant le recours au sénat dit *conservateur*, pour décider si la loi était ou non *inconstitutionnelle* ? A la vérité on n'en a jamais fait usage ; mais enfin, légalement parlant, il y avait un remède indiqué ; et c'est aussi parce que cette voie légale existait, que la cour de cassation a décidé que lorsqu'on n'y avait pas eu recours, il y avait présomption légale que l'acte n'était pas inconstitutionnel.

Mais la Charte ne renferme aucune disposition analogue à la constitution de l'an 8, pour sortir de ce genre de perplexité. Cette omission est à regretter; car on ne peut se dissimuler que ces sortes de questions peuvent, selon les circonstances, être fort graves, et présenter de sérieuses difficultés, même pour les hommes les plus instruits. D'un autre côté, le Code civil, article 4, dit que le juge qui refusera de juger sous prétexte du silence, de l'obscurité ou de l'insuffisance de la loi, sera coupable de déni de justice : il est donc, dans tous les cas, obligé de prononcer.

Dans cette position, et en l'absence de règle spéciale, il devra donc se décider d'après les principes généraux du droit.

Or en principe :

1°. Un ministre ne peut pas, comme nous l'avons déjà dit, déroger par ses décisions personnelles aux ordonnances [1] et aux lois, qu'il est simplement chargé de faire exécuter;

2°. Par la même raison, les ordonnances ne peuvent pas déroger aux lois, dont elles doivent seulement assurer la marche (*Charte*, art. 14).

3°. Quant aux lois, si elles sont antérieures à la Charte, elles sont abrogées de plein droit par l'article 68, en tant qu'elles lui seraient contraires.

4°. Si elles sont postérieures, il faut distinguer; ou la dérogation est formelle, et dans ce cas, s'il faut en gémir, il ne faut pas moins s'y soumettre, comme à une nécessité, puisque le législateur l'aura ainsi voulu et ordonné.

Mais ce cas ne se présentera guère. Les actes émanés de personnes qui ont juré *fidélité à la Charte*, sont toujours accompagnés de la présomption que ceux qui les ont rendus ont voulu rester

[1] Voyez ordon. du 23 janvier 1823, rendue entre M. de Caraman et M. de Fermon.

fidèles à leurs sermens, et par conséquent dans le doute que ferait naître une contradiction apparente, l'interprétation la plus juste comme la plus honorable, serait de donner la préférence à la Charte sur l'acte quelconque dont on voudrait s'autoriser pour y faire dérogation[1].

En cela, les partisans de la dérogation ne peuvent pas dire qu'on désobéit; la réponse est qu'on obéit à la Charte, comme étant la loi qui parle plus haut et plus net. Le juge n'abroge pas l'acte qu'on suppose contraire; mais il décide une question de droit, il pense que cet acte n'est pas applicable : *non videtur judex contrà constitutiones pronuntiâsse, si existimavit causam per eas non juvari.*

M. Henrion de Pansey, dans la dernière édition de sa *Compétence des juges de paix*, offre un exemple analogue en

[1] *Præscriptio temporis juri publico non debet obsistere; sed* nec rescripta *quidem.* Loi 6, Cod. *de operib. publicis.*

parlant de certains arrêtés par lesquels les maires et les préfets excédant leurs pouvoirs, auraient, de leur chef, établi des peines en cas de contravention. Les tribunaux n'ont pas le pouvoir d'annuler ces arrêtés; mais ils ne sont pas tenus de les appliquer, s'ils pensent, comme l'indépendance de leur magistrature leur en fait un devoir, qu'ils ne doivent appliquer de peines que celles qui sont prononcées par les lois.

Notre ancienne législation offre une multitude d'ordonnances, édits et lettres patentes de nos rois, qui ont autorisé les magistrats à résister même aux ordres les plus précis qui seraient contraires au droit et aux lois du royaume[1]; et l'histoire des parlemens est pleine d'illustres exemples qui attestent que les magistrats français ont toujours mis leur devoir au-dessus de vaines considérations, et préféré *la loi* aux choses *irrégulières* qui

[1] Voyez notamm. Édit de Louis XII, du 22 décemb. 1499.

leur étaient parfois demandées ou commandées.

Ce point est confié à leur diligence et à leur discrétion, et nous dispense de nous étendre davantage à ce sujet [1].

Il est du moins incontestable qu'aux juges appartient le droit d'interpréter les lois par voie de doctrine.

Cette interprétation doctrinale est tellement autorisée par les lois elles-mêmes, qu'elles ont pris soin de tracer quelques-unes des règles qui peuvent servir à diriger le juge dans cette interprétation.

J'ai réuni les principales de ces règles dans mes PROLEGOMENA JURIS, titre 1er., chapitre 1er., section 1re., article 3, *de legibus interpretandis et applicandis*.

DOMAT, dans son *Traité des lois*, chap. 12, développe la plupart de ces règles, et montre, par des exemples bien

[1] Voyez dans les *Maximes du droit public français*, le curieux chapitre VI du tome II, intitulé : *Obéissance due par les magistrats*.

choisis, la juste application qu'on en doit faire.

On peut aussi consulter les *Elementa logica* d'Heineccius, § 181, *et seq.*; et le *Comes juridicus* de P. Pithou.

Pour connaître au juste l'objet d'une loi, ce n'est jamais à son *titre* qu'il faut s'arrêter. Le titre d'une loi n'est point l'ouvrage du législateur : les lois se décrètent sans titre, et le titre que chacune d'elles porte dans le Bulletin, n'y a été mis que par le directeur de l'imprimerie royale, sous l'inspection du ministre de la justice. C'est un point de fait dont la certitude ne peut être contestée.

Dans une contestation où les héritiers d'un ancien colon de Saint-Domingue invoquaient le sursis accordé par l'article 1er. de l'arêté du 19 fructidor an 10, prorogé par le décret du 20 juin 1807, la cour de Bordeaux avait, par arrêt du 23 août 1808, décidé *qu'il n'y avait pas lieu à sursis* : « Attendu que l'arrêté du 19 fructidor an 10 n'a pour objet que les *colons* de l'île de Saint-Domingue, et que, depuis long-temps, Demontis avait cessé d'être *colon*, puisqu'il s'était retiré en France dès 1788, après avoir vendu la totalité des propriétés qu'il avait à Saint-Domingue.» — Mais cet arrêt fut cassé le 30 juillet 1811 par ces motifs : « Considérant que si, d'après le *titre* de l'arrêté du 19 fructidor an 10, le sursis ordonné par l'article 1er. de cet arrêté semble ne concerner que les *colons* proprement dits, néanmoins la disposition de cet article embrasse dans sa généralité tous les débiteurs pour cause de ventes d'habitations à Saint-Domingue, sans distinguer si ces débiteurs sont ou non restés habitans de cette colonie et propriétaires desdites habitations; que, *lorsque la disposition littérale* d'une loi ou d'un arrêté du gouvernement est expresse, générale, et ne renferme aucune modification, il n'est pas permis aux tribunaux d'en restreindre l'application à tels ou tels individus, sous le prétexte qu'eux seuls sont dénommés dans le *titre* de la loi ou de l'arrêté, ou d'après de prétendues considérations d'équité, que le législateur a seul droit d'apprécier, etc.»

Il y a mieux : on voit quelquefois dans le *titre* des lois, des expressions que le législateur n'a pas voulu placer dans le *texte*, parce qu'il y a vu du danger. Tel est le mot *sacrilége* qui se trouve dans le titre de la loi du 20 avril 1825, *sur les crimes et délits commis dans les édifices consacrés aux cultes.*

Le garde des sceaux, en présentant cette loi à la chambre des députés, s'est expliqué en ces termes :

» En vous proposant de punir des faits de profanation et de sacrilége, nous avons cru de notre devoir de résister aux conseils de ceux qui nous exhortaient à introduire ces mots *dans le texte même* du projet de loi. Vous connaissez déjà, Messieurs, les motifs de notre refus. Ce n'est pas que nous craignions de confesser l'horreur que nous inspirent ces crimes; nous la manifestons assez peut-être par les châtimens que nous vous demandons de leur infliger. Mais l'expérience que nous avons acquise des avantages et des inconvéniens de notre organisation judiciaire, mais le désir d'obtenir *une loi qui soit exécutée* et qui devienne efficace; mais le danger des lois criminelles qui se prêteraient à des *interprétations diverses*, et par conséquent *arbitraires*, tout nous persuadait d'insister pour n'admettre dans le texte de la loi que l'indication des *faits* qui constituent les crimes, et pour en exclure les *termes abstraits* dont l'emploi ne peut être indifférent ou utile que dans le *titre* qui annonce l'objet de la loi, ou dans les discours qui en démontrent la nécessité.

» Ce qui importe le plus n'est pas la dénomination du crime, mais sa répression..... »

Les *motifs* d'une loi, quand on connaît les véritables, servent puissamment à son interprétation. Aussi le chancelier d'Aguesseau disait très-bien : « Que le temple de la justice n'est pas moins consacré à la science qu'aux lois, et que la véritable doctrine qui consiste dans la connaissance de l'*esprit des lois*, est supérieure à la connoissance des lois même. »

Mais ce grand homme nous avertit en même temps de l'abus qu'on peut faire de la recherche inconsidérée de l'esprit et de la raison des lois. » Vous le savez (disait-il aux magistrats de son temps), vous qui êtes nés dans des jours plus heureux, et qui avez blanchi sous la pourpre; vous le savez, et nous vous l'entendons dire souvent, il n'est presque plus de maxime certaine; les vérités les plus évidentes ont besoin de confirmation; une ignorance orgueilleuse demande hardiment la preuve des premiers principes. Un jeune magistrat veut obliger les anciens sénateurs à lui rendre *raison* de la foi de leurs pères, et remet en question des décisions consacrées par le consentement unanime de tous les hommes.» (t. I, p. 116.)

Il faut donc également éviter et ce rigorisme qui nous rend esclaves de la lettre qui tue, et cet esprit de liberté qui donne la mort à la loi elle-même.

Il ne faut pas surtout se piquer de vouloir *rendre raison* de toutes les lois; car les lois elles-mêmes nous apprennent que cette raison est souvent impossible à donner [1].

Dans le droit civil, l'*analogie* n'est pas exempte de danger; il est rare qu'elle soit parfaite, et l'on peut dire avec vérité de la plupart des argumens qu'elle fournit, que *comparaison n'est pas raison.*

Mais c'est dans le droit criminel que l'analogie est affreuse, quand elle s'avise de régler les délits et les peines. L'auteur des *Lois criminelles*, liv. 1, tit. 1, n°. 9, autorise les juges *à suppléer au besoin aux dispositions de la loi pour les cas qu'elle n'aurait pas prévus.*

1 *Non omnium quæ à majoribus instituta sunt, ratio reddi potest.* L. 20, ff. *de legibus*, adde l. 21, ff. eod. et l. 2, ff. *de origine juris.*

La doctrine de Montesquieu est bien différente; suivant lui : « Il n'y a point de citoyen contre qui l'on puisse interpréter une loi, quand il s'agit de ses biens, de son honneur ou de sa vie [1].»

Bacon est dans les mêmes principes. A ses yeux, « c'est la plus horrible des injustices que de tordre les lois pour torturer les hommes : on ne doit donc pas, dit-il, étendre les lois pénales, surtout les capitales aux délits nouveaux [2]. »

Telle est la jurisprudence anglaise. Elle est judaïque en matière criminelle. Qu'on critique tant qu'on voudra le vingt-deuxième statut de Charles II, chap. 1, appelé l'*acte de Conventry ;* il n'en est pas moins certain qu'il vaut mieux qu'un délit imprévu et non spécifié par la loi reste impuni, sauf à statuer pour l'avenir, que de voir l'hon-

1 *Esprit des lois*, liv. 6, chap. 3.

2 *Durum est torquere leges ad hoc ut torqueant homines. Non placet igitur extendi leges pœnales, multò minùs capitales, ad delicta nova.* (Aphor. 12).

neur, la sûreté et la vie même, soumis à un arbitraire qui peut tout enchaîner par l'*analogie*.

Tout accusé a raison de répéter en pareil cas, le mot de sir Robert Wilson : « Monsieur le juge, je m'oppose à la *logique de l'induction.* »

Le savant auteur de la *Législation criminelle en France,* tom. 2, p. 19, §. V, de *l'application des lois pénales*, M. Le Graverend professe aussi « qu'il » n'est pas permis aux tribunaux d'ap- » pliquer ces lois, *par induction d'un* » *cas prévu, à un autre cas qui ne l'a* » *pas été.* »

Le Projet de Code pénal, rédigé par M. Livingston, par ordre de l'État de la Louisiane, et publié à Paris en 1825, par M. Taillandier, contient (à la page 137) deux dispositions remarquables sur l'interprétation des lois pénales :

Art. 7. « La législature seule a le droit de déclarer ce qui constitue un délit. En conséquence, il est défendu de punir aucunes actions ou omissions non condamnées par la loi, sous le prétexte qu'elles offensent les lois de la nature, de la religion, de la morale ou toute autre loi que *la loi écrite.* »

Art. 8. « Il est expressément défendu aux Cours, de punir aucune action ou omission non condamnée par la *lettre de la loi,* sous le prétexte qu'elles le sont par *l'esprit de la loi.* Il vaut mieux que des actes répréhensibles restent momentanément impunis, que si les tribunaux usurpaient le pouvoir législatif, acte plus criminel en lui-même qu'aucun de ceux qu'on prétendrait réprimer par ce moyen. Il n'y a donc point de délits interprétatifs (*constructive offences*). La législature, quand elle le jugera nécessaire, étendra la lettre de la loi à ces actes qui lui paraîtront devoir être punis. »

Ceci n'est qu'un projet, mais on le trouve déjà réalisé dans la constitution portugaise, dont l'art. 15, §. 6, dispose en ces termes : « Il est dans les attribu-
» tions des cortès.... de faire des lois,

» de les *interpréter*, de les suspendre » et de les révoquer. »

Prost de Roger, dans son excellent Dictionnaire de droit, au mot *argument*, nº. 13, *argument de la loi*, explique comment et dans quels cas on peut argumenter *à simili*, *à contrario*, *à consequentiâ*, *à majori*, *ad minùs*. Il existe aussi un traité spécial de *l'interprétation des lois*, par M. Mailher de Chassat, dont la deuxième édition a paru en 1825, in-8° ; on en rend compte dans la *Revue encyclopédique*, tome 26, page, 204.

§. XX.

DU DROIT DE CRITIQUER LES LOIS.

« On peut, disait M. de Serres, alors » garde des sceaux[1], contester la jus- » tice ou la convenance d'une loi pé-

[1] *Exposé des motifs* du projet de loi sur la liberté de la presse, présenté aux chambres le 22 mars 1819.

» nale, *comme de toute autre loi;* on » peut en solliciter le *changement.* »

Dans mes *Observations préliminaires* sur l'accusation portée contre M. Bavoux en 1819, j'ai montré, par un assez grand nombre d'exemples empruntés à l'ancien et au nouveau droit, jusqu'où pouvait aller *ce droit de critiquer les lois*, qui devient presque toujours la source de leur amélioration [1].

Du reste, je posais en principe que, s'il est permis de désirer le changement ou l'abrogation des lois qu'on croit mauvaises, on doit toujours le faire avec une certaine mesure; on ne doit surtout jamais exciter les citoyens à y désobéir tant qu'elles ne sont pas abrogées.

Prenant Servan pour modèle, il faut s'écrier avec lui : « Hommes sages, dites-

[1] J'ai usé personnellement de ce droit de critique, dans mes *Observations sur la législation crim.*; et ne me fais point faute d'en user en toute occasion où je le crois utile, sauf meilleur avis.

moi si j'outrage les lois parce que j'en demande de plus parfaites ! Je le déclare aux hommes timides adorateurs de tout usage antique ; je le déclare aux hommes violens qui mettent la tête de la Justice dans un nuage, et ne laissent voir que ses bras ; je le déclare à tous : tant que nos lois criminelles subsisteront, je ne cesserai jamais de les respecter comme citoyen ; je ne cesserai jamais de travailler à les faire respecter comme magistrat ; *mais, comme ami de l'humanité, j'en désirerai souvent la réformation.* »

§. XXI.

DE L'ABROGATION DES LOIS.

« Un roi est bon et noble qui en son royaume ôte la mauvaise loy, pour y mettre la bonne, et se garde de rompre la loi qui est profitable à son peuple ; car le peuple obéit toujours au bienfaisant[1]. »

[1] *Le Rosier des guerres*, pag. 14, *de justice*.

En général, la perpétuité est dans le vœu des lois : une fois établies il faut de graves raisons d'utilité publique pour déterminer le législateur à s'en départir [1].

De là la formule que nous avons vue employée par les empereurs romains : QUÒD UT PERPETUA OBSERVATIONE FIRMETUR, *legem hanc incisam æreis tabulis jussimus publicari.*

Et encore à présent la formule exécutoire qui termine les lois, nous offre l'équivalent dans ces expressions : ET AFIN QUE CE SOIT CHOSE FERME ET STABLE A TOUJOURS, *nous y avons fait mettre notre scel.*

Cependant les besoins de la société sont si variés ; la communication des hommes est si active ; leurs intérêts sont

1 *In rebus novis constituendis, evidens esse debet utilitas, ut recedatur ab eo jure quòd diù æquum visum est.* L. 2, ff. *de const princ.* Voyez la *Dissert. sur les raisons d'abroger les lois*, par l'auteur des *Mémoires de Brandebourg.*

si mobiles et si multipliés, que la loi en apparence la mieux conçue, peut devenir insuffisante, et exiger de nouvelles modifications.

D'un autre côté, il est des lois qui, par leur nature, ne sont que *transitoires*, qui suspendent pour un temps donné le cours ordinaire des choses, et qui, portant en elles-mêmes le germe de leur destruction, doivent cesser à l'expiration du délai pour lequel seulement elles ont été établies.

Par exemple, les lois qui, depuis 1814, ont, à diverses reprises, suspendu la liberté individuelle ou la liberté de la presse, étaient essentiellement *temporaires*, puisque chacune de ces lois portait la clause « si la présente loi n'est » pas renouvelée dans la prochaine ses» sion des chambres, elle cessera, *de* » *plein droit*, d'avoir son effet. »

Et pourtant, ces lois, comme toutes les autres, sont terminées par la formule, « et afin que ce soit chose ferme et stable *à toujours* [1], » qui contraste évidemment avec le texte de la loi, puisque sa durée ne doit avoir qu'un temps limité. Mais, à cet égard, on connaît la règle de droit applicable à tous les protocoles : *ea quæ sunt styli non operantur.*

Le législateur ne peut pas abroger toute espèce de lois. Il faut, à cet égard, distinguer entre les lois *naturelles*, le *droit des gens*, les lois *constitutionnelles* et les lois dites *arbitraires*.

Le pouvoir d'abroger ne porte pas sur les lois naturelles. Domat nous en donne la raison. « Les lois immuables, dit-il, s'appellent ainsi ; parce qu'elles sont naturelles, et tellement *justes*, *toujours*

[1] Voyez la loi du 29 oct. 1815. Je ne sais pourquoi on lit dans la formule, *nous y avons mis notre scel*, au lieu de *nous y avons fait mettre notre scel*, qui est plus conforme à l'usage, puisque ordinairement ce n'est pas le roi qui scelle les lois en personne, mais le chancelier ou garde des sceaux.

et partout, qu'aucune autorité ne peut les changer ni les abolir [1]. »

« Qu'un souverain donne une loi évidemment opposée à la loi naturelle, à la constitution de son empire, aux mœurs essentielles de son peuple, la force en assure l'exécution un instant, dans quelques lieux près du prince; mais dans l'éloignement, mais bientôt, la justice, l'opinion publique, reprennent le dessus; le temps fait le reste [2]. »

Le législateur ne peut pas non plus abroger le *droit des gens :* il armerait contre lui toutes les nations civilisées. En effet, si un souverain peut abroger les lois, c'est parce qu'il les a faites, et qu'il est dans la nature de chaque chose qu'elle se dissolve par des procédés analogues à ceux par lesquels elle a été composée [3]. Mais comment le législateur d'un seul peuple pourrait-il se

1 Domat, *Traité des lois*, chap. XI. — *Civilis ratio jura naturalia corrumpere non potest.*

2 Prost de Roger, au mot *Abrogation.*

3 Loi 35, ff. *de regulis juris.*

croire en droit d'abroger une loi commune à toutes les nations ?»

« Enfin, le législateur doit se garder de porter atteinte aux lois *fondamentales*, écrites ou traditionnelles; il jetterait dans la nation l'inquiétude, le trouble, la désobéissance; il ébranlerait le trône.... Quand les gouvernemens ont pris une certaine assiette, il faut éviter de renverser l'édifice et de découvrir la base [1]. »

« La Charte est plus forte que nous, a dit M. de Chateaubriand : quiconque voudra la détruire sera détruit par elle [2]. »

« Le roi (disait de son côté M. Castelbajac) était le maître de donner ou de

[1] Prost de Royer, *loco citato*. Voyez sur le même sujet WATEL, *Droit des gens*, tome 1er. liv. 1er. chap. 3, §. 34, et dans les *Maximes du dr. pub. fr.* tom. 2, pag. 336-342, où l'on trouve d'excellentes choses.

[2] Voyez la péroraison de la réplique pour M. de Pradt, dans les *Annales du barreau franç.* tom. 10, pag. 512.

ne pas donner la Charte ; nul n'avait le droit de la lui demander. Mais du moment où il l'a octroyée, il a limité ses pouvoirs ; elle est devenue *loi fondamentale*, et le roi ne peut pas la détruire [1]. »

Aussi Charles X, à l'instant même de son avénement, s'empressa-t-il de déclarer aux pairs : « J'ai promis, comme sujet, de maintenir la charte et les institutions que nous devons au souverain dont le ciel vient de nous priver ; aujourd'hui, que le droit de ma naissance a fait tomber le pouvoir entre mes mains, je l'emploierai tout entier à consolider, pour le bonheur de mon peuple, *le grand acte* que j'ai promis de maintenir [2]. »

De quel droit, en effet, le roi, qui jure à son sacre d'observer la charte constitutionnelle ; comment les pairs et députés qui, de leur côté, jurent d'y

[1] Séance du 22 janv. 1822.

[2] Ces paroles sont gravées au revers de la médaille de Charles X.

rester fidèles, pourraient-ils, contre la teneur expresse de leur serment et de leur mandat[1], y porter atteinte par des lois qui l'abrogeraient en tout ou en partie ?

Aussi avons-nous dit que les juges

[1] Rapportons, à cette occasion, le mandat donné par les électeurs portugais aux députés élus en 1826.

« Nous, électeurs de la province de..., réunis dans cette ville de..., ayant procédé à l'élection des députés qui devaient être nommés par cette province, déclarons que MM. NN... ont été élus à la pluralité des voix. Nous donnons en conséquence la présente procuration à tous ces députés conjointement, et à chacun d'eux *in solidum*, tous les pouvoirs pour que, réunis à la chambre des députés avec les autres nommés par toutes les provinces, ils puissent faire tout ce qui peut contribuer au bien de la nation, en remplissant leurs fonctions *de la manière et dans les limites prescrites par la Charte constitutionnelle*, donnée et décrétée par le roi Don Pedro, le 29 avril 1826, *sans qu'on puisse altérer aucun de ses articles*. Nous nous obligeons à exécuter et à tenir pour valide tout ce que les députés feront *dans les limites indiquées*. Donné à... »

qui auraient à opter entre la charte et une ordonnance, décision ou arrêté qui y aurait incompétemment dérogé, ne doivent point balancer à préférer la loi constitutionnelle.

Quant aux autres lois, dites arbitraires, *quia ex arbitrio pendent*, le législateur peut les changer et les abolir selon le besoin. Mais il ne doit s'y porter qu'avec ménagement, et toujours d'accord avec l'opinion publique et les besoins réels de la société.

Les jurisconsultes romains avaient, pour exprimer les diverses modifications que peut subir une loi, plusieurs expressions, dont la plupart n'ont pas de synonymes dans notre langue. *Lex* ROGATUR *dùm fertur* ; ABROGATUR, *dùm tollitur* ; DEROGATUR *eidem*, *dùm quoddam ejus caput aboletur* ; SUBROGATUR, *dùm aliquid ei adjicitur* ; OBROGATUR *deniquè*, *quotiès aliquid in eâ mutatur*[1].

[1] HEINECCII, *Antiquit. roman.* lib. 1, tit 3, no. 8 (5).

De toutes ces locutions, nous n'avons adopté que les mots *abrogation* et *dérogation* : le premier, pour exprimer que la loi préexistante a été rapportée ; le second, pour montrer que, sans abroger entièrement une loi, cependant on y a apporté des modifications.

L'abrogation des lois est expresse ou tacite.

L'abrogation est *expresse*, lorsqu'en faisant une nouvelle loi, le législateur déclare, en termes formels, qu'il entend abroger la loi antérieure.

Les exemples de ces sortes d'abrogations ne sont pas rares, soit sous l'ancien, soit sous le nouveau droit.

L'ordonnance de 1667, titre 13, « *abroge* toutes enquêtes d'examen à futur et celles par turbes, touchant l'interprétation d'une coutume ou usage, et défend à tous juges de les ordonner, ou d'y avoir égard, à peine de nullité. »

Édit de Louis XIV, du 25 octobre 1685, portant *révocation* de l'édit de

Nantes, si sagement octroyé par Henri IV en 1598.

Édit du mois d'août 1729, portant *révocation de l'édit de Saint-Maur*, de mai 1576, qui privait les mères de la succession de leurs enfans.

Le Code de procédure, art. 1041, porte que : « à dater du 1er. janvier 1807, toutes les lois, coutumes, usages, et règlemens relatifs à la procédure civile, seront *abrogés*. »

Les autres codes prononcent également l'*abrogation* de toutes les lois rendues antérieurement sur les matières qui font l'objet de ce code.

Les lois ne sont pas seulement abrogées par la volonté expresse du législateur; elles peuvent aussi l'être par la *désuétude*, c'est-à-dire, lorsque pendant un long-temps on s'est accordé à ne les point exécuter.

Cette inexécution, quoiqu'elle ne soit qu'un fait négatif, a cependant une force positive dont le législateur lui-même est obligé de reconnaître l'empire.

Ainsi, les auteurs des lois romaines reconnaissent que c'est avec très-grande raison qu'on a admis que les lois seraient valablement abrogées, non-seulement par le suffrage exprès du législateur, mais aussi par le tacite consentement de tous, si l'on s'accordait généralement à les laisser tomber en désuétude [1].

Chez nous, l'ordonnance de 1629 en avait aussi une disposition expresse dans son art. 1er., qui enjoint l'exécution de toutes les ordonnances qui ne sont point spécialement révoquées *ni abrogées par usage contraire reçu et approuvé de nos prédécesseurs et de nous.* — Et à cet égard, il faut remarquer que cette approbation elle-même n'a besoin que d'être tacite, et qu'elle résulte suffisamment de ce que l'autorité, qui a le pouvoir de faire exécuter toutes les lois, s'est dispensée de tenir la main à cette

1 *Rectissimè etiam illud receptum est ut leges, non solo suffragio legislatoris, sed etiam tacito consensu omnium per desuetudinem abrogentur.* L. 32, §. 1, ff. *De legibus.*

exécution, et a laissé pratiquer ouvertement le contraire.

Cela explique pourquoi le chancelier d'Aguesseau, consulté par une cour de parlement sur l'exécution d'une loi dont l'autorité semblait contestée, répondit, le 14 mars 1743 : « Il faut savoir s'il a été d'usage jusqu'à présent, dans votre pays, de suivre à la rigueur les dispositions des édits et déclarations du roi..., ou si l'on use de tolérance ou de dissimulation dans des cas semblables [1]. »

Dans un autre endroit de ses œuvres, le même chancelier reconnaît tellement la puissance *du non-usage*, qu'il dit qu'on ne peut pas recourir en cassation pour violation d'une loi *abrogée par désuétude*.

La désuétude peut affecter les bonnes et les mauvaises lois. Les bonnes lois, celles, par exemple, qui sont favorables aux libertés publiques, lorsque par violence, abus de pouvoir de la part des dé-

[1] Tome 12, lettre 349.

positaires de l'autorité, par insouciance de la part des peuples et connivence de la part des fonctionnaires chargés d'en surveiller ou d'en réclamer l'exécution, on les laisse tomber en oubli. Mais, en pareil cas, l'impuissance où est la nation d'agir, l'état de tutelle où elle est placée en présence du pouvoir, empêche qu'on ne puisse présumer son acquiescement. Le droit ne périt point, il se conserve au profit des générations futures; car, ainsi que l'a très-bien dit Bossuet en parlant des lois constitutionnelles et fondamentales de l'état, « leur vigilance et leur » action est immortelle, et tout ce qui » se fait contre elles étant nul de droit, » *il y a toujours à revenir contre.* »

Au contraire, si le pouvoir, qui a tous les moyens d'action, laisse cependant tomber une loi en désuétude, le peuple profite de son abrogation, soit parce qu'il s'est soustrait à l'exécution d'une mauvaise loi, soit parce qu'on a reconnu l'impossibilité ou l'injustice de la lui appliquer.

Cette abrogation, en effet, s'applique principalement aux méchantes lois, aux lois peu réfléchies, à celles qu'on appelle lois de *circonstances,* lois d'*exception*, lois *de parti.*

On peut opposer à ces dernières lois ce qu'en a dit Cochin (tome III, cause 75, pag. 433) : « Le calme et la paix ont succédé aux tempêtes, et par conséquent des lois *passagères,* faites pour un temps de trouble, ne reçoivent plus d'application. »

Combien de lois de cette espèce se trouvent par milliers dans le *Bulletin des Lois*, et ont cessé d'exister, sans aucune abrogation formelle, par le seul effet du mépris universel où elles sont tombées avec le temps!

Il y a aussi des lois violentes, absurdes, injustes, qui, à l'instant même où elles sont portées, révoltent l'opinion et sont repoussées par elle. Dans ce cas, la lutte ne peut être longue, et la loi ne résiste pas long-temps.

« Une loi, disent les auteurs des

Maximes de notre droit public, une loi contre laquelle sont prévenus et cabrés, pour ainsi dire, tous ceux qui la doivent exécuter, n'a pas, au moins pour le moment actuel, tous les caractères nécessaires à une loi [1]. »

M. de Pradt avait donc grandement raison, lorsqu'il disait dans le livre pour lequel on l'a si injustement accusé, « que la puissance législative ne va pas jusqu'à commander l'*adhésion de l'esprit et du cœur*, et qu'il y a toujours un retour de vote émis par la majorité législative au tribunal de la majorité nationale, qui le confirme ou qui l'infirme [2]. »

Son sentiment se trouve fortifié par l'opinion d'un des plus vigoureux penseurs de notre époque, M. Royer-Collard : « Les peuples barbares, disait-il à la séance de la chambre des députés du 22 janvier 1822, font tout avec les armes ; les gouvernemens corrompus des

[1] Tom. 2, pag. 351.

[2] Voyez le *Procès de M. de Pradt*, p. 153.

peuples civilisés s'imaginent qu'ils peuvent tout faire avec les lois. Ils se trompent : les lois qui s'adressent à une nation éclairée et attentive, *ont besoin de l'acceptation tacite de la raison publique;* si elles ne l'obtiennent pas, elles n'ont pas le principe de vie, *elles meurent.* »

Et tel a été le sort de cette déplorable loi des *suspects* portée le 26 mars 1820, par laquelle le ministère d'alors avait demandé et obtenu *l'arbitraire pur* en matière de liberté individuelle. L'opinion publique, manifestée par la *souscription nationale* au profit des futures victimes de la loi, se souleva avec tant de force, qu'après une accusation très-vive dont les auteurs de la souscription sortirent victorieux malgré le talent de l'accusateur [1], la loi demeura frappée d'un tel discrédit, qu'elle est morte sans que le ministère ait osé l'appliquer une seule fois.

[1] M. de Broë.

Tant il est vrai, « qu'à côté de l'autorité suprême du législateur, on ne peut s'empêcher de reconnaître l'Opinion publique, qui, sans affecter la souveraineté ni employer les formes hautaines du pouvoir absolu, a cependant aussi sa volonté, ses dédains, son mépris, sa puissance[1]. »

Il est arrivé que le gouvernement, après avoir négligé quelque temps de faire exécuter une loi, a ensuite reconnu la nécessité de la publier de nouveau et de la remettre en vigueur. Mais l'équité veut, qu'en pareil cas, cette résurrection d'une loi tenue pour morte n'ait pas d'effet rétroactif.

« L'autorité publique, dit Cochin, n'est établie que pour maintenir le bon ordre et pour la tranquillité des peuples ; mais lorsqu'une déférence trop scrupuleuse aux lois qu'elle a établies jetterait au contraire les familles dans

2 Procès de la souscription, réplique pour Mérilhou, p. 360.

le trouble et porterait partout la désolation, il est indispensablement nécessaire alors que cette même autorité se prête à des circonstances si délicates. Ainsi, quand les lois sont demeurées *sans exécution et qu'un usage contraire a prévalu*, on ne peut plus invoquer leur sagesse ni leur puissance. On peut bien les renouveler *pour l'avenir*, et arrêter le cours des contraventions par une attention exacte à les faire exécuter ; mais tout ce qui a été fait auparavant subsiste et demeure inébranlable, comme s'il était muni du sceau même de la loi [1]. »

La consultation de Cochin est conforme au rescript de Trajan. Consulté par Pline sur l'exécution d'une ancienne loi contre laquelle un usage contraire avait prévalu, Trajan lui répondit qu'il avait bien fait de surseoir ; qu'il ne fallait pas priver de leurs droits acquis ceux qui en étaient en possesion ; que ce

[1] Tom. 3, consult. 52, p. 707.

serait une source de trouble et d'injustice, et qu'il fallait se contenter de faire executer la loi à l'avenir[1].

Tout en reconnaissant l'empire de la désuétude, je ne puis m'empêcher de dire qu'il vaudrait beaucoup mieux que le législateur abrogeât lui-même les lois inutiles ou nuisibles, que de laisser le peuple se faire justice à soi-même en les

[1] *Meritò hæsisti..... nam et legis autoritas, et* longa consuetudo usurpata contrà legem, *in diversum movere te potuit. Mihi hoc* temperamentum *ejus placuit : ut et* præteritò nihil novaremus; *sed manerent*, quamvis contrà legem *adsciti, quarumcumque civitatum cives; in* futurum *autem lex Pompeia observaretur*, cujus vim si retrò quoque voluimus custodire, multa necesse est perturbari. *Epistol. Trajani ad Plinium, lib.* x, *epist.* CXVI.

L'abrogation des lois par le non-usage a fait naître plusieurs questions qu'on peut voir dans le *Répert. de Jurisp.* au mot *Appel*, section 1, §. 5; et dans le *Recueil des Quest. de droit*, 1re. édit. t. 6, p. 417; t. 8, p. 238 et 390; t. 9, p. 150. Voyez aussi dans mes *Principia Juris*, n°. 36, ce que je dis de la désuétude et les autorités auxquelles je renvoie.

méprisant. C'est ce qui détermina l'empereur Léon à abroger formellement une loi qu'il avouait lui-même être depuis long-temps tombée en désuétude. Il motive ainsi cette abrogation.

« Comme la réformation des lois a pour objet, non-seulement celles qui sont nuisibles, mais encore celles qui, *abolies par le temps et tombées en désuétude*, doivent être effacées des registres, nous devons retrancher du code et placer dans le nombre des choses inutiles la loi du consulat, puisque cette dignité ne va pas et n'appartient plus à l'état actuel de la république. » Après avoir rappelé l'ancienne magnificence des consuls, et attribué leur avilissement au temps qui détruit tout, Léon déclare que cette loi du consulat, si long-temps restée *dans un vaste silence*, et cependant encore confondue avec les lois vivantes, doit en être retranchée, et rangée dans la classe des choses inutiles [1]. »

[1] *Illam de* consulatu *legem, quam præterea*

Cette décision impériale donne lieu à deux observations : la première, que les Romains adoptaient non-seulement l'abrogation *écrite*, prononcée par un plébiciste, un sénatus-consulte, un édit, une loi ; mais encore l'abrogation tacite, opérée par le seul fait de la non-exécution de la part du peuple, par un long silence, par la désuétude enfin.

La seconde observation est que, bien qu'une loi fût ainsi tombée en désuétude, quoique depuis long-temps elle ne fût pas exécutée, Rome pensait que le caractère sacré des lois, la connaissance que l'on en supposait à chaque citoyen, et l'ordre public, exigeaient encore que chaque loi, abolie par le temps, fût cependant abrogée par un décret formel, écrit et publié, en vertu duquel cette loi était effacée, retranchée du

altum silentium occupavit, *cum aliis inutilibus frustrà legalibus constitutionibus immixtam, decreto Majestatis nostræ illinc eximimus*. Novell. 94.

code, et rejetée parmi les dispositions inutiles.

Le dauphin, père de Louis XV, était pénétré de cette vérité, lorsqu'il disait que « toutes les lois, et surtout celles qui concernent l'ordre public et la police générale [1] du royaume, doivent être en vigueur; et qu'il vaudrait mieux abroger une loi utile, que de la laisser subsister sans tenir la main à son exécution [2].

On retrouve de quoi confirmer cette doctrine sur l'abrogation des lois, dans une adresse de l'assemblée constituante aux Français [3]. « Un code de lois civiles (y est-il dit), confié à des juges désignés par votre suffrage et rendant gratuitement la justice, fera disparaître toutes ces lois obscures, compliquées,

[1] Ce mot n'avait pas alors le sens qu'on lui a donné depuis.

[2] *Vie du dauphin*, père de Louis XV, t. 1er. p. 434.

[3] Du 11 fév. 1790, collect. in-4o, tom. 1er. p. 527.

contradictoires, dont l'incohérence et la multitude semblaient laisser même au juge intègre le droit d'appeler justice, sa volonté, son erreur, quelquefois son ignorance; mais jusqu'à ce moment vous obéirez religieusement à ces mêmes lois, parce que *vous savez que le respect pour toute loi non encore révoquée est la marque distinctive du vrai citoyen.* »

Une loi déroge à une autre, lorsque sans abroger celle-ci dans son entier, elle change ou modifie quelqu'une de ses dispositions. Ainsi, toutes les lois d'exception sont dérogatoires au droit commun, mais elles ne l'abrogent pas; et il continue de subsister dans tous les cas autres que celui qui fait la matière de l'exception. On dit, par manière d'axiome: *exceptio firmat regulam in casibus non exceptis.*

De même que l'abrogation peut être expresse ou tacite, de même aussi la dérogation peut être explicite ou implicite.

Elle est explicite lorsque le législateur

déclare en termes exprès que son intention, en faisant telle disposition, est de déroger à tel article d'une loi préexistante.

La dérogation n'est qu'implicite lorsqu'une loi, sans relater les anciennes, sans s'y référer textuellement, renferme cependant des dispositions qui ne s'accordent pas avec ces mêmes lois.

Dans ce cas, il est certain que la nouvelle loi doit encore l'emporter sur les autres, d'après la règle : *posteriora derogant prioribus* [1].

Il est entendu néanmoins que, si la dérogation n'est qu'implicite, la loi ancienne ne souffre d'atteinte que dans celles de ses dispositions qui sont inconciliables avec la loi nouvelle.

Cette doctrine est consignée dans un avis du conseil d'état, du 4 nivôse an 8. « C'est un principe éternel (y est-il dit), qu'une loi nouvelle fait cesser toute loi précédente, ou toute disposition de

[1] Loi dernière ff. *de const. princ.*

loi précédente contraire à son texte. »

Ainsi, par exemple, la Charte veut, art. 68, que « les lois actuellement en vigueur *qui ne sont pas contraires à ses dispositions*, restent en vigueur jusqu'à ce qu'il y soit légalement dérogé[1]. »

A l'appui de cet article on peut citer l'arrêt de cassation du 26 décembre 1825, qui (en matière d'expropriation pour cause d'utilité publique) reconnaît que différentes lois qu'il qualifie *lois de circonstance*, « sont non-seulement *virtuellement abrogés* par cela seul qu'elles sont inconciliables avec les articles 9 et 10 de la charte, mais qu'elles se trouvent de plus révoquées par l'article 68 qui ne maintient que les lois

[1] Voyez plusieurs exemples de dérogations implicites dans les espèces particulières, rapportés dans les *Questions de droit*, 1re. édit. aux mots *Délits ruraux*, *Douanes*, §. 5; *Huissiers des juges de paix*, §. 2; *Trib. d'appel*, §. 3. Voy. aussi *ibid.* t. 3, p. 292; t. 4, p. 35; t. 5, p. 126; et t. 9, p. 303 et 307.

existantes, qui ne sont pas contraires à la charte. »

On ne peut nier néanmoins que ce mode de dérogation implicite ne soit le plus vicieux de tous. Il est la source d'une foule de dispositions surprises à l'inattention, ou mal expliquées ; et j'approuve fort l'opinion émise par un député de la seconde chambre des États-généraux de Hollande, M. de Stassard, qui, lors de la discussion du *projet de loi contenant des mesures plus efficaces pour la répression de la traite des noirs*, s'est exprimé en ces termes, au sujet de cette habitude perpétuelle d'ajouter des lois à d'autres lois et de *modifier sans abroger* :

« L'impulsion donnée à tous les peuples de l'Europe ne pouvait manquer d'être suivie par nous avec un vif empressement. Néanmoins il paraît que la loi du 20 novembre 1818 n'a pas suffi pour arrêter le mal : on nous propose aujourd'hui de renforcer les peines et de prendre des mesures qui s'éludent moins facilement. Je ne viens, certes, point combattre ces dispositions nouvelles, et j'applaudis autant que personne aux vues philanthropiques de notre auguste monarque. Mais je voudrais qu'on eût *refondu dans une seule loi* tout ce qui concerne cette matière. Je n'aime pas ces espèces de cascades législatives, et *ces perpétuels renvois de bulletin en bulletin*..... Il est possible que MM. les avocats y trouvent leur compte [1]; mais à coup sûr le public en souffre. Pourquoi ne pas les éviter ? »

Un ancien jurisconsulte hollandais,

[1] Les avocats n'y trouvent pas leur compte; ils n'y trouvent que de la peine, et ils sont les premiers à s'en plaindre. C'est plutôt le pouvoir qui trouve son compte à ces renvois perpétuels qui permettent incessamment de reprendre dans l'arsenal de l'ancienne législation, des dispositions qu'on n'oserait pas confirmer ouvertement, mais qu'on ne se soucie pas non plus d'abroger d'une façon trop expresse. De là l'incertitude et l'obscurité des lois. Je me suis élevé contre ce système dans mes notes sur Bacon, *Aphor.* 54.

GRÆNEVEGEN, était dominé par cette pensée lorsqu'il composa son traité *de legibus abrogatis in Hollandiâ. Amstelod.* 1659, in-4°.

Dès l'année 1563, BUGNYON en avait publié un semblable pour la France, sous le titre de PHILIBERTI BUGNYON, *legum abrogatarum et inusitarum in omnibus curiis, terris, juridictionibus, et dominiis regis Franciæ, Tractatus.*

La première édition de ce traité formait déjà un volume in-4°. en 1563. La troisième édition, imprimée à Bruxelles en 1721, s'était accrue au point de former un in-folio de 696 pages, non compris les tables.

Que ne produirait pas aujourd'hui la notice de toutes les lois abrogées tacitement ou par écrit, depuis lors jusqu'à présent? Les seules lois promulguées depuis 1789, la plupart de circonstance, transitoires, tenant à la forme des gouvernemens qui se sont succédé tour à tour, ne fourniraient-elles pas un volume dix fois plus épais que celui qui ne renfermerait que les lois du même temps restées en vigueur?

§. XXII.

Révision et classification des lois.

Il ne suffirait pas de séparer les lois abrogées ou tombées en désuétude, de celles qui ont conservé leur force et leur vertu; il serait encore à désirer que celles ci fussent refondues et soumises à une bonne *classification*.

Je ne répéterai point ici tout ce que j'ai déjà dit et redit à ce sujet depuis douze ans : je me contenterai de renvoyer le lecteur à quelques-uns de mes précédens écrits :

1°. *De la nécessité de réviser toutes les lois promulguées depuis* 1789. Paris, 1814, brochure in-8°.

2°. *Des magistrats d'autrefois, des magistrats à venir* Paris, 1814, in-8°. première édition, pag. 62, et la seconde édition en 1825, pag. 135.

3°. La Préface de mon *Recueil des lois de compétence*, l'un de ceux que j'ai publiés en exécution de l'avis du conseil d'état du 7 janvier 1813; j'y ai consigné des *Observations particulières sur le mode de révision adopté par l'ordonnance du* 21 *août* 1824.

4°. J'ajouterai ce que disait Whitelocke d'une semblable *révision* qu'il proposait pour l'Angleterre :

« Je me ressouviens, disait-il, de l'opinion d'un savant jurisconsulte, d'un grand homme d'État (le Chancelier Oxenstiern); il pensait que la mutiplicité des lois écrites ne servait qu'à jeter de la confusion dans l'esprit des juges et rendre la loi moins certaine; que quand la loi a établi des limites justes et claires entre la prérogative royale et les droits du peuple, et qu'elle règle la décision des causes privées, il est inutile d'augmenter le nombre des lois, car c'est augmenter en même temps les procès. Ce serait un travail *digne du parlement, et qui ne peut être fait que par lui*, de s'occuper de la *révision de tous nos statuts*, de rejeter ceux qu'il ne trouverait pas convenable de maintenir en vigueur, de confirmer ceux qu'il croirait dignes d'être conservés, et de ramener à des décisions certaines le grand nombre de ces statuts qui offrent de la confusion, qui sont quelquefois en opposition entre eux, et dont plusieurs traitent la même matière, en ayant soin de *réunir en un seul statut tous ceux qui ont rapport au même objet*, de sorte que nos lois écrites présentent un ordre et une clarté que peu de savans ou de sages y peuvent remarquer aujourd'hui [1]. »

5°. Enfin, je terminerai en rappelant la réponse faite par S. M. Charles X, au rapport de la nouvelle commission de révision sur l'état actuel de ses travaux [2].

« Je sais, Messieurs, combien la tâ-

1 WHITELOCKE, *Commentary on parliamentary Writ*, t. 1, p. 409.

2 *Moniteur* du 25 déc. 1825.

che dont vous êtes chargés est importante; en vous la confiant, j'étais sûr de la remettre en de bonnes mains. Je vous remercie du zèle et de l'assiduité avec lesquels vous l'avez remplie. UN ROI NE DOIT RÉGNER QUE PAR LES LOIS. Il est nécessaire que les nôtres soient *en harmonie avec l'état actuel des choses:* c'est mon vœu et ma volonté. J'espère que tous mes sujets concourront à l'accomplir. Continuez, messieurs, votre intéressant travail; *mettez dans notre législation l'ordre et l'accord dont elle est susceptible.* Rien de plus utile aux sujets que des *lois bien ordonnées;* rien ne rend plus faciles les devoirs du trône.»

§. XXIII.

DU DROIT NON ÉCRIT.

Le juge ne peut, à peine de se rendre coupable de déni de justice, refuser de juger sous prétexte du silence, de l'obscurité, ou de l'insuffisance de la loi.

A défaut de loi positive, il doit se décider par les règles de l'équité, qu'une bonne conscience révèle aux esprits justes, et qui forment le supplément naturel des lois écrites : *Æquitas est jus quod lex scripta prætermisit.*

Rien de plus séduisant pour l'homme que ce recours à l'équité naturelle : mais aussi rien n'est quelquefois plus trompeur; et si l'on réfléchit à la variété des opinions et à l'incertitude des jugemens humains, on ne peut qu'être effrayé de l'arbitraire qui peut s'emparer des esprits quand ils ne sont plus contenus par une règle précise. Bacon a donc eu raison de dire que la meilleure loi est celle qui laisse le moins à l'arbitraire du juge, et le meilleur juge celui qui s'en permet le moins [1].

La première règle, en pareille occur-

[1] *Optima est lex quæ minimum relinquit arbitrio judicis, optimus judex qui minimum sibi.*

rence, est de ne point mettre une prétendue équité à la place de la loi écrite, lorsque celle-ci est claire. Le devoir du juge est alors, non de juger la loi, mais de juger conformément à ses dispositions. Elle ne serait plus loi, si la volonté de l'homme pouvait arbitrairement se substituer à celle du législateur [1].

Lors même que la loi nous manque et nous abandonne aux seules inspirations de notre conscience et de notre raison, la prudence veut encore qu'on ne s'en rapporte pas entièrement à soi-même, et que l'on cherche à s'environner, au moins à titre de conseil, de tout ce qui peut éclairer notre jugement.

A défaut de loi, on consulte ordinairement l'usage, les auteurs et les arrêts.

[1] Je n'insiste pas davantage sur ce point, que j'ai traité avec plus d'étendue dans ma *Jurisprudence des Arrêts*, section XIII, *des Arrêts* dits *d'équité*.

I

DE L'USAGE.

L'usage est le plus ancien législateur des nations [1]. Il précède les lois écrites, il les accompagne, il les suit; quelquefois même il prévaut sur elles, comme nous l'avons vu en parlant de la *désuétude*.

Un usage bien constaté a donc réellement force de loi, et les lois elles-mêmes le reconnaissent en renvoyant souvent à l'usage des lieux [2].

Nous disons un usage bien constaté, car il ne suffirait pas d'un ou deux précédens pour autoriser à dire que telle chose est d'usage. Il faut un certain nombre d'exemples pratiqués pendant un temps assez long pour qu'on puisse en conclure que ces précédens consti-

[1] *Uso, legislatore il più ordinario delle nazioni.* Beccaria, *Trattato dei Delitti*, n°. 42.

[2] *Cod. civ.* articles 1135, 1159, 1160, 1736.

tuent véritablement un usage, c'est-à-dire une habitude générale d'en user de telle ou telle façon [1].

Avant la rédaction des coutumes, les usages allégués par les plaideurs se prouvaient à l'aide *d'enquêtes par turbes*, genre de procédure incertain et dispendieux, supprimé avec raison par l'ordonnance de 1667.

Depuis, on a remplacé plus utilement ces enquêtes par des *actes de notoriété*, qui se donnaient par les juges des lieux, après avoir pris d'exactes informations auprès des praticiens et des avocats, et avoir entendu les gens du roi [2].

[1] Diuturni *mores, consensu utentium comprobati; legem imitantur.* INSTIT. §. 9. *De jur. nat. et gent.* — Inveterata *consuetudo pro lege non immeritò custoditur. Et hoc est jus quod dicitur* moribus *constitutum.* L. 32, §. 1. ff. *De legibus.*

[2] C'est ainsi qu'ont été donnés les *Actes de notoriété* du Châtelet de Paris, recueillis par Denizart en un vol. in-4°.

L'usage est encore utilement attesté par le sentiment des auteurs et par les arrêts [1].

On ne peut pas toujours rendre raiton des usages [2] surtout quand ils sont anciens : mais ce n'est pas un motif pour ne point y déférer ; car l'usage consiste surtout dans le fait : et il y en a tout à la fois de si bizarres et de si constans, qu'on ne peut s'empêcher de sourire à la vérité de ce vers de Viennet :

L'usage est un vieux sot qui gouverne le monde [3].

II.

Des auteurs.

Rien de plus fréquent, en toutes

1 *Quùm de consuetudine civitatis vel provinciæ confidere quis videtur, primùm illud explorandum arbitror, an etiam* contradicto aliquandò judicio *consuetudo firmata sit.* L. 34. ff. *De legibus.*

2 *Non omnium quæ à majoribus instituta sunt, ratio reddi potest.* L. 20. ff. *De legibus.*

3 *Consuetudo facit jus.*

matières, que de voir alléguer le sentiment des auteurs.

A Rome, ils jouissaient d'une autorité si grande, qu'il fut un temps où les juges étaient tenus de déférer à leur autorité. En cas de dissidence d'opinion entre eux, on allait, pour ainsi dire, aux voix, donnant gain de cause à celui qui en réunissait un plus grand nombre en sa faveur. Papinien obtint cet honneur qu'il aurait voix prépondérante en cas de partage.

Chez nous, les docteurs n'ont jamais joui d'un tel crédit; on ne les compte pas, on les pèse; on estime leurs raisons ce qu'elles valent, et personne n'est tenu d'y déférer.

Mais les jurisconsultes réellement dignes de ce nom, n'en exercent pas moins une grande influence sur la décision des procès, par l'ascendant naturel qu'obtiennent les esprits supérieurs sur ceux qui leur sont subordonnés.

III.

DE LA JURISPRUDENCE DES ARRÊTS.

Régulièrement, on doit se gouverner par les lois et non par les exemples : *Non exemplis sed legibus judicandum* [1].

Mais dans le silence, l'obscurité ou l'insuffisance des lois, on ne peut nier que la jurisprudence des arrêts, c'est-à-dire, la manière uniforme dont une question a été jugée en plusieurs occasions par les cours de justice, ne forme un préjugé puissant, et ne constitue une véritable autorité, à laquelle il convient souvent de déférer [2].

1 Et cependant rien n'est plus ordinaire que de céder aux exemples, même mauvais : *Nec ad rationem, sed ad similitudinem vivimus*, a dit Sénèque.

2 *In ambiguitatibus quæ ex lege proficiscuntur, rerum* perpetuò similiter *judicatarum auctoritas, vim legis obtinet*. L. 38. ff. *De legibus*.

C'est ainsi que la *jurisprudence des arrêts* devient le supplément de la législation. Cette jurisprudence était en grand honneur chez les Romains. On appelait cette partie du droit *jus honorarium*, par honneur pour les préteurs et leurs décisions. On regardait ces magistrats comme la *vive voix* du droit civil, *jus honorariun viva vox est juris civilis*, dit le jurisconsulte Marcianus dans la loi 8, au Digeste, *de justitiâ et jure.*

Je ne m'étendrai pas davantage sur la *jurisprudence des arrêts*, ayant traité ailleurs cette matière *ex professo.*

§. XXIV.

Des objets du droit civil.

Le droit civil a trois objets principaux :

1°. Les *personnes*, dont il règle l'état, la condition, la capacité ;

2°. Les *biens* (res) selon leur diverse nature, la propriété absolue ou modifiée dont ils ont susceptibles, et les différentes manières de les acquérir et de les transmettre, soit par le droit naturel, soit par le droit civil; ce qui comprend spécialement les successions, les donations, et tous les contrats;

3°. Les *actions*, c'est-à-dire, la manière dont nous devons procéder en justice pour exercer nos droits et obtenir ce qui nous est dû.

Un jurisconsulte (Wesembechius) a exprimé cette division très-brièvement, en disant : *Omne jus redditur personis, de rebus, per actiones et judicia.*

Je terminerai ces élémens par une pensée de Cicéron, qui renferme un conseil qu'un homme de bien ne doit point perdre de vue : c'est que, sans jamais faire violence à la loi écrite, il faut toujours, autant qu'il se peut, l'interpréter dans le sens de l'équité naturelle : *Jus semper quærendum est æquabile; neque enim aliter jus esset.*

FIN.

TABLE DES MATIÈRES

CONTENUES DANS CE VOLUME.

Pages.

Avant-propos. . . . . j
Introduction. v
§. I. De la Justice et du Droit. . 1
§. II. Définition de la loi. 7
§. III. Du pouvoir législatif. 11
§. IV. Des diverses espèces de lois. 18
§. V. Comment se fait la loi. . . . 28
§. VI. Date des lois. 33
§. VII. Intitulé des lois. 36
§. VIII. Préambule. 43
§. IX. Sanction. 48
§. X. Sceau des lois. 51
§. XI. Contre-seing. 62
§. XII. Formule exécutoire. 68
—— Formule : *Car tel est notre plaisir*. 71
§. XIII. Impression des lois. 74
§. XIV. Envoi des lois 83

		Pages.
§. XV.	Promulgation des lois. . . .	86
——	Promulgations ecclésiastiques.	122
——	Lois concernant la religion.	123
§. XVI.	Exécution des lois.	125
§. XVII.	Effet des lois.	137
§. XVIII.	De la rétroactivité des lois. .	139
§. XIX.	De l'interprétation des lois..	157
§. XX.	Du droit de critiquer les lois.	196
§. XXI.	De l'abrogation des lois. . .	198
§, XXII.	Révision et classification des lois.	227
§. XXIII.	Du droit non écrit.	230
——	1. De l'usage.	233
——	2. Des auteurs.	235
——	3. Jurisprudence des arrêts.	237
§. XXIV.	Des objets du droit civil. . .	238

FIN DE LA TABLE.

www.ingramcontent.com/pod-product-compliance
Ingram Content Group UK Ltd.
Pitfield, Milton Keynes, MK11 3LW, UK
UKHW021131260726
13994UKWH00001B/94

9 782329 489087